解讀

孔子與儒家

U0108733

唐端正 著

商務印書館

解讀孔子與儒家

作　者：唐端正
責任編輯：徐昕宇
封面設計：黃聖文
出　版：商務印書館（香港）有限公司
香港筲箕灣耀興道 3 號東滙廣場 8 樓
http://www.commercialpress.com.hk
發　行：香港聯合書刊物流有限公司
香港新界大埔汀麗路 36 號中華商務印刷大廈 3 字樓
印　刷：陽光印刷製本廠有限公司
香港柴灣安業街 3 號新藝工業大廈（6 字）樓 G 及 H 座
版　次：2011 年 1 月第 2 次印刷
© 商務印書館（香港）有限公司
ISBN 978 962 07 5559 0
Printed in Hong Kong
版權所有，不得翻印

自序

儒家是中國春秋時期出現的一個重要學術和思想派別，其創立者是孔子（前 551 — 前 479 年，名丘，字仲尼，春秋時期魯國人）。先秦時，儒家可說是諸子百家之一，與其他諸家學術流派共存，並無主次之分。自西漢武帝（前 157 — 前 87 年）罷黜百家，獨尊儒術以來，儒家思想漸成中華文明之主流，綿延兩千餘年而不衰。

孔子作為儒家思想的開創者，也是中華文明的集大成者。他對夏、商、周三代以來所積累的中華文明，以仁教加以點活和點醒，賦予其千古常新的意義。宋儒說：「天不生仲尼，萬古如長夜」，信非過譽。在十七八世紀時，一些歐洲學者受儒家經典影響，對孔子的尊崇至於極至。甚至有人設孔子像，朝夕禮拜，並倡言要全盤華化。在今天看來，全盤華化固有所不足，但全盤西化，亦不完美。中西文化，確應取長補短，創造更偉大的文明。近百年來，孔子及儒家思想雖曾遭遇一些劫難，但在國力逐漸恢復的今天，孔子學院已在世界各地設立，這確是貞下起元、否極泰來之兆。今天來重新弘揚孔子之道，應該是合時宜的。

本書下篇內容原是我在加拿大卡城（Calgary）「華人耆英中心」所作一系列演講的內容，其中包括「孔子與墨子」、「儒家與道家」、「儒家與法家」、「孔子與釋迦牟尼」、「孔子與耶穌」、「儒家與西方科學」六講。由於孔子博大而無所成名，要弘揚孔子，有不知從何說起之感。但他山之石，可以攻玉，藉助比對世界各大教派和學派，以凸顯孔子的獨特精神面貌，亦不失為一種方便。此外，「孔子的人生觀」、「儒家的天道鬼神觀」、「儒家的行與信」、「儒家的教與學」、「儒家如何化解生的困惑」及「論儒學思想的開放性」諸文，皆為舊作。此次一併選入本書，以饗讀者。

博大如孔子，一切對他的介紹，難免掛一漏萬，疏誤之處，尚祈讀者賜正。

2009 年 3 月 16 日於香港沙田

目錄

上篇

儒家思想的縱向解讀

一、孔子的人生觀

人活在世界上，對世界的看法，必影響我們對人生的看法，因此在說明孔子的人生觀之前，不妨先說明孔子的世界觀、宇宙觀、天道觀。

世界雖然只有一個，但卻有許多不同的世界觀，今天生活在基督教、佛教和儒教的世界觀之下的人，佔世界人口的絕大多數，我們且拿基督教、佛教和儒教的世界觀作一比較。

基督教、佛教和儒教的世界觀很不同。基督教以神為本，神不是通過經驗和理性去證明的，只能通過信仰。如果宗教以基督教為準，則佛教不是宗教。佛教是無神論，故歐陽竟無先生謂佛教非宗教。不但佛不是神，聖更不是神，也不是佛。神、佛、聖是三個不同的格位：耶穌是神、釋迦是佛、孔子是聖。神是自有永有，創造天地萬物的第一因。佛並沒有創造天地萬物，佛是通過歷劫修行，功德圓滿、斷滅生死，而且具有神通的果位。神和佛都不是人，但聖卻始終是個有生有死，有遺憾的人。因為人有生有死，有他的命限，人只能盡性知命，鞠躬盡瘁，死而後已，卻不能說在聖人有生之年，把一切理想都實現，功德圓滿。儒家既以天道是生生不息的，則價值世界永遠是敞開的，一日乾坤不息，便有新的價值湧現。故曰：「苟日新，又日新，日日新。」在日新其德的天道中，人又怎能說已功德圓滿呢？神和佛都是有神通的，孔子卻不講怪、力、亂、神，一切行乎中庸，人只要能盡其在我，以缺憾還諸天地，便是創格完人。故耶穌之教是神教，釋迦之教是佛教，孔子之教是聖教。今人將佛教亦稱為聖教，將「新約」、「舊約」稱為《聖經》，將耶穌誕稱為聖誕，都是不對的。若循名責實，應以宣揚孔子聖教之經典稱為聖經，以孔子誕辰為聖誕。當然，如果佛教和基督教徒願意接受儒家東海、西海、南海、北海有聖人的觀點，則他們把釋迦、耶穌誕辰稱為聖誕，把佛教和基督教經典稱為聖經，儒家也不會反對。

三教的世界觀既如上述，以下我們便探討孔子的人生觀。孔子的人生，始終在這個世界中，他不講天堂地獄；不講六道輪迴；不祈求出世間；也不祈求永生天國。人生則有死，因此死亡的問題，是人生所必須面對的。荀子在《禮論》篇說：「禮者，謹於治生死者也。生，人之始也，死，人之終也，終始俱善，人道畢矣。」對於死亡的問題，一般宗教家都有各種不同說法，彷彿他們對死亡都有真實的知識。孔子認為他對死亡沒有真實的知識，基於「知之為知之，不知為不知」的原則，不肯對死亡問題隨便說。有學生問他死亡的事，他只回答說「未知生，焉知死」。孔子只講生的問題，不講死的問題，對於人死後有知與無知的問題，屬於死者的問題，孔子不予評論。但對於我們應當視死者有知抑無知的問題，則屬於生人的問題。孔子認為生人視死者死而無知，是不仁，視死者死而有知是不智，不仁不可為，不智亦不可為。因為我們實在不知道死者有知或無知，今你認為他死而無知，像康有為的《大同書》所言，在殮房隔鄰便有一肥料廠，將死者遺體馬上化為肥料，這不是太無情，太不仁了嗎？如果我們認為死者死而有知，用供養生人的東西供養他，甚至用活人去陪葬，這不是太不理智了嗎？因此孔子認為生人對待死者這兩種態度，都是不對。然則生人用甚麼態度對待死者才對呢？孔子認為，我們最好置之於神明不測之中，既不視死者死而有知，也不視死者死而無知，而是對死者有知無知的問題保持不知和闕疑的態度。因此，儒家不是完全不送器物給死者，而是用一種特別的明器或鬼器送給死者。明器和鬼器都是備物而不可用的。粵人今天所用的明器，通通是紙紮的，鈔票也有，都是由「冥通銀行」發行的，這完全是站在生人的立場，求我們心之所安。孔子要我們慎終追遠，祭祀天、地、君、親、師，完全是本着我們對所祭者報本反始，崇德報功，追養繼孝的道德感情，而不是基於對超現實的宗教信仰。所以《中庸》說：「子曰：道不遠人，人之為道而遠人，不可以為道。」《荀子‧儒效》篇也說：「道者，非天之道，非地之道，人之所以道也，君子之所道也。」

人固不當對死後的事情強不知以為知，但生必有死，這是我們應當知道的。雖然乾坤浩蕩，生生不息，但我們的個體生命在這廣宇悠宙之中，總有終結和停息的時候，這是人生不可逾越的命。人必須要知命，孔子說：「不知命，無以為君子。」人知命便當安命、俟命，不能一廂情願地作非分之想。但這不是一般消極的命定論，因為儒家認為人必須盡性才能知命，人未盡他主觀的最大努力，是不可能知道客觀的命限的。所以孔子要我們鞠躬盡瘁，死而後已。《荀子‧大略》篇說，子貢倦於學，願息事君，息事親，息於妻子，息於朋友，以及息耕，孔子均以為不可。人唯一可以息的，就是死。故曰：「大哉死乎，君子息焉。」可見孔子的人生觀，是健行不息，死而後已的。

孔子的人生觀，既要健行不息，盡性知命，然則他要盡量踐行的是甚麼呢？

人生在世，無疑是要實現人所追求的種種價值理想，告子曰：「食色性也。」人無飲食之慾，則不能維持個體生命，無男女之慾，則不能維持種族生命，故人都追求滿足食色之慾。孔子不但要滿足人的食色之慾，而且要將人的食、色等自然慾望，提升為一種文化生活。故人生的大禮，有婚禮、燕禮和鄉飲酒禮。耶穌說，人活着不是單靠食物。孔子亦認為人生的最大價值，不在乎飲食男女，而在乎踐仁盡性。

甚麼是仁呢？仁是我們生命的靈性、覺性、感通之性。天地萬物都有感通之性，惟人的感通之性最靈，故為萬物之靈。中醫謂「麻木不仁」，可見「仁」就是不麻木，對你生命以外的人和物都能同情共感、痛癢相關就是仁。孔子說：「志士仁人，無求生以害仁，有殺身以成仁。」又說：「夫仁者，己欲立而立人，己欲達而達人。」孔子認為生命的最大價值是成仁，故人在追求實現生命的最大價值時，我們可以殺身成仁，捨生取義。道家貴生，以生命本身為最大的價值。儒家則以生命的最大價值是成仁取義，故儒家已由我們的自然生命提升為道德生命。

生命的本質既是感通之仁，則人的生命決非封閉在一己的軀殼之內，他能與人同情共感，痛癢相關。仁者所以愛人，就是由於他的生命和別人的生命相感相通。孟子以「惻隱之心」為仁之端，又說見孺子將入於井，必有怵惕惻隱之心。這是由於我們知道孺子跌落井必受傷害，必受痛楚，因而引起我們生命的同情共感，引起我們的驚動、不安和傷痛，這就是仁的發露。這種泯除人己限隔的仁心的發露，一般都從最親近的人開始。故孔子說：「孝弟（悌）也者，其為仁之本歟？」孝悌為行仁之本，但行仁卻不止於對父兄的孝悌，必由親親而仁民，仁民而愛物。故曰：「仁者與天地萬物為一體。」所謂一體，不指我們的身體和萬物連在一起，只要能痛癢相關，便是一體。我的假髮和義肢，雖然和身體連在一起，但由於不能和我痛癢相關，便不能說是一體。相反，今天我們對瀕臨絕種的生物和地球的溫室效應，有同情共感，痛癢相關，那便是一體，因此，仁心不但關懷一己的生命，也關懷家國天下以至天地萬物。故陸象山說：「宇宙內事，即己分內事，己分內事，即宇宙內事。」這就是對仁心有終極關懷的表述。我們的生命，倘能實現這些終極關懷的價值理想，不是比我們只追求飲食男女等自然慾望的滿足更崇高偉大嗎？孔孟要我們殺身成仁，捨生取義，實在是一個正確的人生觀。

實踐仁道，既然是由親及疏，由近及遠，所以孔子特重倫理道德。倫理是人倫相處之理，倫指人際關係，傳統上稱君臣、父子、兄弟、夫婦、朋友為五倫，五種不同的人際關係各有其不同的相處之道，君敬臣忠、父慈子孝、兄友弟恭、夫義婦順、朋友有信，便是五倫之理。

這些倫理本於我們相感相通的仁，是相對於我們的仁心理性，而不是外在的權威。就君臣一倫而言，孔子說：「君則敬，臣則忠。」孟子說：「君之視臣如手足，則臣視君如腹心；君之視臣如犬馬，則臣視君如寇仇。」荀子也說：「從道不從君，從義不從父。」我們所要從的是道義，而不是君父。法家要求臣子無條件地服從君父，日本人無條件地順從天皇，都是非理性的，所以他們都反對儒家所宣揚的禪讓與革命。

孔子講的仁道，就是忠恕之道，故曰：「忠恕違道不遠」。盡己之謂忠，推己及人之謂恕，未能盡己，則你所推之己，便不是真實之己。你說你不欲富貴，因此也要別人不欲富貴，這對嗎？不對。因為真實的你不是不欲富貴，只是不欲那些不義的富貴而已。所以孔子說：「富而可求也，雖執鞭之士，吾亦為之。」「不以其道得之，不處也。」可見在推己及人之前，必先盡己，能忠於己，才能恕於人。己是最切近的，所以孔子說：「能近取譬，可謂仁之方也已。」行仁的方法以最切近的己之所欲，譬於他人，己欲立而立人，己欲達而達人，便是最易知易行的中庸之道。《大學》所講的絜矩之道：「所惡於上，毋以使下；所惡於下，毋以事上；所惡於前，毋以先後；所惡於後，毋以從前；所惡於右，毋以交於左；所惡於左，毋以交於右。」和《中庸》的君子之道：「所求乎子以事父，所求乎臣以事君，所求乎弟以事兄，所求乎朋友，先施之。」都是夫婦之愚，可以與知，夫婦之不肖，可以能行的中庸之道。中華民族就是憑這一視同仁的忠恕之道，易知易行的中庸之道，摶成一個多民族的偉大國家。今天我們要建立一個和諧的社會、和平的世界，弘揚孔子的仁道，不是很有必要嗎？

仁是我們生命中一切價值理想的根源，孔子除要我們以忠恕之道行仁之外，更要我們通過努力學習以求實現種種價值理想。孔子自言「吾十有五而志學」，「我非生而知之者，好古敏以求之者也。」「十室之邑，必有忠信如丘者焉，不如丘之好學也。」「吾嘗終日不食，終夜不寢，以思，無益，不如學也。」「若聖與仁，則吾豈敢？抑為之不厭，誨人不倦，則可謂云爾已矣。」智、仁、勇、信、剛、直，都是孔子稱道的美德，但都不能離開學。孔子說：「好仁不好學，其蔽也愚；好智不好學，其蔽也蕩；好信不好學，其蔽也賊；好直不好學，其蔽也絞；好勇不好學，其蔽也亂；好剛不好學，其蔽也狂。」《論語》開宗明義便說：「學而時習之，不亦悅乎。」可見孔子對後天學習的重視。業師唐君毅先生曾說：「孔子不但是位偉大的先師，也是一位偉大的學生。」中華民族出了這樣一位聖人，實在值得感激和慶幸。

一般人都認為西方文化重知識理性，中國文化重道德理性。道德和知識，都是理想人生所應實現的價值。《周易》的大人是要「與天地合其德，與日月合其明，與四時合其序，與鬼神合其吉凶。先天而天弗違，後天而奉天時。」《荀子》的大儒，是能「法先王，統禮義，一制度，以淺持博，以古持今，以一持萬，苟仁義之類也，雖在鳥獸之中，若別白黑；倚物怪變，所未嘗聞也，所未嘗見也，卒然起一方，則舉統類而應之，無所儗怍，張法而度之，則晻然若合符節，是大儒者也。」子貢亦以仁且智為聖。可見儒家並沒有輕視知識理性。但到底中國文化並未發展出為知識而知識的學統，西方的知識理性，發展出科學，開發了微生物的領域，天體的領域及聲光電化等科學知識，確實使我們眼界大開，充實了人生的價值理想。科學知識和技術，對人生的貢獻確實很大，是我們必須學習的。但科學的知識和技術，都是價值中立，它只應為價值理性服務，不幸西方自工業革命以後，興起了帝國主義和資本主義，為了擴充權力和累積財富，知識理性走向工具理性一途，專謀權力擴充和累積財富，亦即只為人的自然慾望服務，為食色之性服務。大家爭奪資源、爭奪市場，不斷地製造污染，製造戰爭，使科學的知識技術，不但不能為人類創造幸福，且將有無以為繼，同歸於盡之虞。這是由於科學的真，並未能與道德的善相結合，使科技的發展，將無以為繼。《周易》曰：「繼之者善」。只有善的東西，才能繼續發展，生生不息。只為權力和財富的擴張與累積，而沒有更高的人生文化理想的追求，必會走到山窮水盡的境地。孔子所開示的人生觀，是要我們有溫柔敦厚的詩教，疏通知遠的書教，廣博易良的樂教，恭儉莊敬的禮教，潔淨精微的易教和屬辭比事的春秋教，通過德、智、體、羣、美的性情教育，培養出血氣和平、耳目聰明的完美人格，這不是比我們只知利用科技知識的工具理性去滿足我們的食色之慾、權力之慾，更有意義嗎？

人類要自救，世界要和平，孔子的人生觀，該是我們這個時代最正確的選擇，把西方的知識理性和孔子的道德理性結合起來，把人類的盛德大業，推向一新的境界，這是我們所共同祝禱的。

二、儒家的天道鬼神觀

傳統中國文化以儒家為主流，儒家思想對鑄造中華民族的民族性有極深遠的影響。正確地了解儒家的思想，應該是個很重要的課題，本文欲就儒家的天道鬼神觀，提出一些意見，希望大家指教。

一般人都說中國文化的宗教性非常淡薄，對比其他文化系統而言，這話是很對的。中國文化的宗教性所以淡薄，很大程度是受儒家思想的影響。儒家把宗教問題淨化和德化的結果，便以強烈的道德性，取代了宗教性。這在人類文化中，是非常特殊的。西方的宗教大抵有上帝存在和靈魂不滅的問題，這相當儒家天道和鬼神的問題。以下我們先談儒家的天道觀。

儒家的天道觀

朱子說：「吾儒本天，釋氏本心。」（《答張敬夫》，《文集》卷三十）儒家的天道觀，肯定在人心以外，有一個作為萬有根源的天道。這個天道是變易的，也是真實無妄的，而且是唯一的真實。在這個天道以外，並沒有另一個世界，也沒有前生和來世。人追求一切價值理想的實現與保存，都只能在這個世界上求。

在其他文化系統中，往往把在現實世界實現不了、保存不了的價值理想，寄託到另一個世界上去求其實現、求其永恆。所以一方面有靈魂不朽、前生來世的信念，另一方面也有天國淨土的信念。在傳統儒家的思想中，這兩種信念都沒有。儒家求人生的不朽，一般都只講叔孫豹的三不朽。叔孫豹以立德、立功、立言為三不朽，根本不是求個體靈魂在另一個世界中的不朽，而只是求我們生前建立的德、功、言，永遠活在後世人的心中而已。這裏既沒有肯定個體靈魂的不滅，也沒有肯定另一個世界。

在佛教和基督教的教義裏，為了輔助現實政教對維護正義之不足，便有末日審判、三世流轉、六道輪迴等因果報應的信念。儒家也不是不講因果報應，像《易傳》云：「積善之家，必有餘慶；積不善之家，必有餘殃。」（《文言》）這便是因果報應。但這種因果報應，不是就個體靈魂和另一世界而言的，而是就活在這個世界上的子孫身上而言的。所以朱柏廬《治家格言》有云：「見色而起淫心，報在妻女；匿怨而用暗箭，禍延子孫。」一般民間祖先靈位旁的對聯云：「先祖深田廣，後人福澤長。」「心田先祖種，福地後人耕。」這是中國人很普遍的報應觀。然而，「報在子孫」為甚麼也算是因果報應呢？這是因為在儒家的生命觀中，不把個體生命與他的先祖及後代孤立起來，而把個體生命與他的先祖及後代貫通起來，因此子孫便有責任承負先祖的業報。而報在子孫，即可視同報在我們自己身上。

儒家不從孤立的個體來講因果報應，而從整個生命流來講因果報應，可見儒家對宇宙人生有一整體觀。正由於儒家對宇宙人生有一整體觀，因此儒家對人生亦抱有樂觀態度。佛教對人生的評價是苦，其人生觀可說是一種苦觀。佛教所以認為人生是苦，大抵由於古代印度人面對諸行無常，諸法無我的宇宙人生，往往從個體起念，有許多我執和法執，於是便難免因妄執的幻滅而產生種種痛苦。佛教為了渡一切苦厄，便說諸法緣生，本性空寂，一切都是虛幻的，以破除一切妄執。儒家面對變易的宇宙，卻從來沒有產生空寂之感。因為儒家認為宇宙萬有只是變，而不是幻；只是易，而不是虛幻。變易的宇宙萬有都是真實無妄的。為甚麼會如此呢？這和儒家對宇宙人生沒有虛妄分別，而視之為一個「道通為一」的整體，是有很大關係的。

儒家喜歡對宇宙作整體觀，而不把個體孤立起來，作虛妄分別。因此，儘管天地開闢、陰陽迭運、寒暑相繼、日月更出，也只見到一個新新不停、生生不息的浩蕩乾坤。《周易・繫辭下》曰：「日往則月來，月往則日來，日月相推而明生焉。寒往則暑來，暑往則寒來，寒暑相推而歲成焉。」從日月寒暑有來有往而言，這便是無常，都難免成、住、壞、空之劫。但儒家不從日月寒暑的個體着眼，而從日月相推而生明，寒暑相推而生歲着眼。面對變易的宇宙，不但沒有無常與虛幻之感，反而藉庶物露生、萬類競發的現象，見天道之健行不息、於穆不已、生生相續、新新不停，顯示着天道在大化流行中富有日新之盛德大業。所以《易傳》云：「生生之謂易。」又曰：「天地之大德曰生。」變易所顯示的意義是生生不息、富有日新，而不是無常與虛幻，這是儒家在《周易》中所揭示的偉大見解。因此，一切個體，在浩蕩乾坤的大化流行之中，都有它的本分，應該功成身退。所謂「人事有代謝，往來成古今。」「江山代有才人出，各領風騷數百年。」這都是中國人正視人生的老生常談。

基於以上的觀點，儒家最不贊成佛家把一切看成虛幻，而認為天地萬物都是真實無妄的，都有它的理。人必須由窮理而盡性，由盡性而知命。二程說：「物生死成壞，自有此理，何者為幻？」（《河南程氏遺書》卷一）朱子也說：「釋氏虛，吾儒實。」（《朱子語類》卷一二六）因而要即物窮理，再由窮理而盡性，由盡性而知命。然則人怎樣才能做到「窮理盡性，以至知命」呢？依照荀子所說：「水火有氣而無生，草本有生而無知，禽獸有知而無義，人有氣、有生、有知，亦且有義，故最為天下貴也。」（《荀子‧王制》）可見在人的本性之中，不但有氣理（物理），亦有生理、知理（心理）和義理。要盡人的性，便必須窮究人的氣理、生理、知理和義理。只有窮盡人的這些理，我們才盡了我們作為宇宙中的個體的性。亦只有盡了我們個體的性，才接觸到一個天人之際，那就是所謂命。孔子要我們知命，孟子要我們盡心盡性以知天，就是要在人生實際中，一方面要盡個體的努力，一方面亦要正視有限人生在無窮天道中的際限。

一般人對儒家講盡性知命之學，有許多誤解。有人認為儒家講性善，違反事實，如果人性是善的，則惡從何來呢？其實儒家主張性善論，不是說人性全善。依孟子說法，也只指出人有可以為善的先天根據而已。人可以為善，不等於不可以為惡。不過他縱然為惡，也不能歸咎他的才性，說他原來沒有可以為善的美才。所以孟子說：「乃若其情，則可以為善矣，乃所為善也。若夫為不善，非才之罪也。」（《孟子‧告子上》）這點可以為善的美才，孟子說他是善，荀子說他是義。這都是人之所以異於禽獸的幾希之性。有了這點性，當然還不夠，還要存養擴充，積學積慮，才能達到至善的境地。不過，人性中有了這點靈明，便可以知是知非，知善知惡，照亮了人生的行程和歷史的行程。中華民族可以不信上帝，但不能沒有這點良知理性作引路的明燈。

至於儒家所講的知命，也有人理解成宿命論，這是十分錯誤的。孔子說他「五十而知天命」（《論語‧為政》）又說「不知命，無以為君子。」（《論語‧堯曰》）這裏所謂知命，只是知道一個天人之際，正視了個體人生在無窮天道中的一些際限而已。這個際限，是相對於我們主觀的努力而言的，故人必須盡性才能知命。如果我們懷抱着一些偉大的理想，這個理想在客觀環境中能否實現，也不必等到我們盡了最後一分努力才知道。由於人生經驗的積累，我們在從事一個階段後，應該可以從觀察中知道自己理想在所處的特定歷史階段或客觀環境中求其實現時所遭到的一些不能逾越的限制，這便叫作知命。孔子是到了五十歲便能接觸到這個天人之際，或主觀與客觀的際限，個體與天道的際限。知道有這個際限，不等於一切都聽天由命，放棄主觀的努力。相反，孔子知道他的道不能在當時實現後，還要盡他主觀的努力，知其不可為而為之。所以盡性不但可以知命，知命以後還要盡性。儒家的人生觀，是要效法天道的健行不息，鞠躬盡瘁，死而後已的。

一般有宗教信仰的人，往往把他在現實世界實現不了的願望，寄希望於死後可以在天國或淨土中獲得實現。因此，現實人生無論如何暗淡與悲慘，亦不陷於絕望的境地。這便可以使人生的理想性保持不墜，永不斷滅。這是宗教在人類文化中的價值。儒家並不反對人有這樣的宗教信仰，但寧肯相信一切價值理想，只能憑自己在這個世界上實現。當現實世界陷於黑暗悲慘的境地時，儒家便寄希望於子孫後世能善述其事，善繼其志，實現他的願望。儒家不但以子孫的生命為自己生命的延續，而且當他對生命作宏觀時，亦可以有「民吾同胞，物吾與也。」（《正蒙•乾稱》）「四海之內，皆兄弟也。」（《論語•顏淵》）的襟懷。只要乾坤不息，宇宙不滅，則我們的理想，在浩浩無窮、生生不息的天道中，還是有希望在這個世界上實現。因此中華民族雖然沒有宗教信仰，亦能擇善固執、守死善道，其理想性亦能永不斷滅。儒家對宇宙人生作如是觀，結果不由宗教信仰，卻能取得宗教信仰的實效。

儒家的鬼神觀

以下我們便談談儒家的鬼神觀。儒家一直都把鬼神視為天地間往來屈伸的陰陽二氣。所以說「鬼神，陰陽也。」(《禮記・郊特牲》)「鬼神者，二氣之良能也。」(《正蒙・太和》)「鬼神，往來屈伸之義。」(《正蒙・神化》)人生由氣魄合成，即是由鬼神合成。因為據《禮記・祭義》云：「氣也者，神之盛也。魄也者，鬼之盛也。」所以《禮記・禮運》說：「人者，其天地之德，陰陽之交，鬼神之會，五行之秀氣也。」當人死的時候，形魄歸於土，稱之為鬼，神氣發揚於上，稱之為神。故《禮記・祭義》曰：「眾生必死，死必歸土，此之謂鬼。骨肉斃於下，陰為野土。其氣發揚於上為昭明，君蒿悽愴，此百物之精也，神之著也。」由此可見，儒家並沒有肯定人的靈魂不滅，南朝范縝的《神滅論》，主要批判的是佛教因果之說，還是代表着儒家的觀點的。

然而，值得奇怪的是，儒家既以鬼神為往來屈伸的陰陽二氣，而沒有肯定存在於另一個世界的鬼神，為甚麼又叫人祭祀鬼神呢？孔子雖然不喜歡講怪、力、亂、神的事，有人問他應該如何事鬼神的問題和死後的問題，他都沒有作正面回答，但他到底還是要我們「敬鬼神」（《論語・雍也》），說「祭神如神在」（《論語・八佾》）。並說：「未能事人，焉能事鬼；……未知生，焉知死。」（《論語・先進》）透露出事死、事生、事人、事鬼的道理，是通而為一的。究竟孔子對死的態度是怎樣的呢？《禮記・檀弓上》云：「孔子曰：『之死而致死之，不仁而不可為也。之死而致生之，不知而不可為也。』」這段話是說，往送死者，用死而不知的態度對待死者，是不仁的事，所以不可做；而用雖死猶生的態度對待死者，是不智的事，所以也不可做。通常我們認為人死後只有有知與無知兩種可能，孔子既認為視死者死而無知是不仁，視死者死而有知是不智，難道我們在這兩種可能外，還有其他的可能嗎？即使孔子提出了其他可能，他如何證明這可能是正確的呢？這似乎是一個無法解決的難題，孔子卻處理得非常好。

首先我們要指出，孔子在《檀弓上》的話，不是要為人死後是有知抑無知追求答案。我們生人都沒有死的經驗，如果我們說死後有知或無知，都是無法證明的。孔子是多聞闕疑的人，他「知之為知之，不知為不知」，他在《檀弓上》所討論的，不是死後為鬼的問題，而是生前為人的問題，是討論生人如何對待死者才是恰當的問題，而不是討論人死後究竟有知抑或無知的問題。孔子對於人死後有知抑無知的問題，還是闕疑的。若人死後真能活在另一個世界，則他在另一個世界存在的真實情況如何，不是孔子關心的問題。孔子所關心的，是還活在這個世界上的人，應該用甚麼態度對待死者才是恰當的問題。生人對待死者的態度，除視之為雖死猶生和死而無知兩種態度外，當然可以有第三種態度。至少我們仍可對死者保持闕疑的態度，而置之於神明不測之中。孔子既以前兩種態度都不可為，結果他是選擇了第三種態度。

孔子不把死者視為無知或有知，而把死者置之於神明不測之中，因而避免了陷於不仁或不智的兩難。這種態度，也不是孔子發明的，而是古已有之。因為如果我們視死者為有知，事死者如事生者，我們便會拿出生人所用的器物給死者用，這便違反理智。如果我們視死者為無知之物，完全不再理會，這便違反人情。古人在這兩難之外，有人製為明器，以供鬼神之用，孔子便大加讚許，認為創製明器的人，懂得死喪之道。所以《禮記‧檀弓下》云：「孔子謂為明器者，知喪道矣，備物而不可用也。哀哉，死者而用生者之器也，不殆於用殉乎哉。其曰明器，神明之也。塗車芻靈，自古有之，明器之道也。」明器是鬼用的器，和人用的祭器不同。稱之為明器，是由於死亡之事，非人所知，不可測度。故特別製為明器以事鬼神，以示將鬼神置於神明不測之中。明器中有泥造的車，草紮的動物，也有竹造的、瓦造的和木造的器皿。這些東西只為表達生人對死者的思慕之情，不必真是死者用得上。所以大可以「竹不成用，瓦不成味，木不成斲，琴瑟張而不平，竽笙備而不和，有鐘磬而無簨虡。」（《檀弓上》）廣東人用的明器，大體都是紙紮的，「紙船明燭照天燒」完全是為了生人向死者表達一點心意，求心之所安。如果我們連一炷香或一束花也不送給死者，那是「不仁而不可為」。如果我們把一艘真船燒給死者，那又屬於「不智不可為了」。孔子在處理這個問題上，不是站在死者一面說話，而是站在生人一面說話。他為了兼顧生人的情感生活和理智生活，不使人陷於不仁或不智之中，因而贊成明器之道，把死亡之事，置於神明不測之中，這實在是非常高明的見解。

儒家以上的見解，對尊天事鬼的墨子而言，便認為大逆不道。他在《墨子・公孟》篇中批評道：「儒以天為不明，以鬼為不神，天鬼不説，此足以喪天下。公孟子曰：『無鬼神。』又曰：『君子必學祭祀。』子墨子曰：『執無鬼而學祭禮，是猶無客而學客禮也。』」儒家的天道，只是個創生實體，不再直接干擾人事，更不行賞罰。儒家一方面承襲了「天道遠，人道邇」的思想，一方面又認為「敬鬼神而遠之」。墨子批評「儒以天為不明，以鬼為不神。」應該說是一語中的。但儒家「以鬼為不神」，只是說儒家的鬼不夠神明顯赫而已，到底還沒有否定鬼的存在。因此，墨子說儒家主張無鬼神也是值得商榷的。儒家究竟有沒有肯定鬼神的存在呢？如果有，如何證明？如果沒有，為甚麼又叫人祭祀鬼神呢？這似乎又是兩難的問題，但依儒家的觀點，卻可迎刃而解。

原來儒家所祭祀的鬼神，不必肯定他有客觀的存在，但沒有客觀存在，卻可以有主觀的存在。因為祭祀的禮節文貌，完全本於我們對死者的思慕之情、愛敬之心。所以祭祀的鬼神，不是從外而至，而是從心而生的。故《禮記・祭統》云：「夫祭者，非物自外至者也，自中出生於心也。」鬼神如何能自中出生於心呢？《禮記・祭義》云：「致齋於內，散齋於外。齋之日，思其居處，思其笑語，思其志意，思其所樂，思其所嗜。齋三日，乃見其所為齋者。祭之日，入室，僾然必有見乎其位；週還出戶，肅然必有聞乎其容聲；出戶而聽，愾然必有聞乎其歎息之聲。」祭祀所以能交於神明，是由於我們對所祭者生前留下的種種印象，通過誠敬的思念，使之重新復活過來，於是儼然如見其人，如聞其聲，而有洋洋乎如在其上，如在其左右的實感。這種音容宛在的實感，就是孔子所謂「祭如在」。因此，儒家的鬼神觀，既非客觀地有，亦非畢竟地無。他不肯定鬼神有離開主觀體證的客觀存在，也不否定鬼神有係屬於主觀的真情實感。因為當我們回念所祭者，而覺其音容宛在，懿範猶存時，鬼神對我們是可以有非常真實的作用的。而且，鬼神的出現，「自中出生於心」，還是本於過去的經驗，不能憑空揑造，無中生有。

儒家的祭祀，原來只是道德的延續，而不是宗教的祈求。一般宗教的祈禱，都是為了求福，而儒家的祭祀，則完全為了報恩。祭天是為了報本反始；祭祖是為了追養繼孝；祭百神是為了崇德報功。故《禮記・郊特牲》說：「郊之祭也，大報本反始也。」《禮記・祭統》說：「祭者，所以追養繼孝也。」《禮記・祭法》說：「夫聖王之制祭祀也，法施於民則祀之，以死勤事則祀之，以勞定國則祀之，能禦大菑則祀之，能捍大患則祀之……此皆有功烈於民者也……非此族也，不在祀典。」《荀子•禮論》篇也說：「禮有三本：天地者，生之本也；先祖者，類之本也；君師者，治之本也。無天地惡生？無先祖惡出？無君師惡治？三者偏亡焉，無安人。故禮，上事天，下事地，尊先祖而隆君師，是禮之三本也。」可見儒家的祭祀，完全是出於知恩報德的道德感情。中國人傳統上祭天、祀祖或祭天地君親師，以至蜡祭中祭貓、祭虎，都是為了表達我們的感恩戴德之情，故《郊特牲》云：「古之君子，使之必報之。……蜡之祭，仁之至，義之盡也。」祭祀既然只是表達我們對天地、先祖、百神的感恩戴德之情，所以完全扣緊人生主體而立，不必肯定客觀的鬼神，更不必向客觀的鬼神求福，而只是為了安頓我們的道德感情，求心之所安而已。所以荀子說：「祭者，志意思慕之情也，忠信愛敬之至矣，禮節文貌之盛矣，苟非聖人，莫之能知也。聖人明知之，士君子安行之，官人以為守，百姓以成俗。其在君子，以為人道也；其在百姓，以為鬼事也。」（《荀子•禮論》）儒家的祭祀，本於人的道德感情而不基於對鬼神的宗教信仰，為了報恩而不是了為祈福。因此不必肯定鬼神的客觀存在，便有足夠的理由行祭祀。墨子對儒家「執無鬼而學祭禮，是猶無客而行客禮」的批評，皆由於對儒家的祭祀觀和鬼神觀不了解所致。

儒家的祭祀除了能表達和安頓人報本反始、追養繼孝、崇德報功的道德感情，使民德歸厚外，還有其他文化上的效用。在祭祀的典禮中，可以見事鬼神之道，見君臣之義，見父子之倫，見貴賤之等，見親疏之殺，見爵祿之施，見夫婦之別，見政事之均，見長幼之序，見上下之際，故在古代可以為教化之本，亦可以為治國之本。此外，儒家雖說祭祀不求福，但又說「賢者之祭也，必受其福」。不過不是指世俗所謂福，而是指我們以誠敬行祭祀，則誠敬的行為本身，可以使我們內盡於己，外順於道，以至無所不順，這便叫做福，這些都是歷來儒家重視祭祀的理由。

綜上所述，筆者認為儒家的天道觀與鬼神觀是充滿智慧的，對今天而言，還是經得起批判，具有時代意義，值得我們加以繼承。

三、儒家的行與信

國人自與西方哲學接觸後，自覺中國哲學缺乏理論系統，因而多對中國哲學作種種的說明和建構，以期為中國哲學取得應有的地位。這方面的努力，無疑是必須的，而且也取得相當的成果。但中國哲學究竟與西方哲學走着不同的道路，西方哲學偏重認識客觀世界或建立理論系統，而中國哲學則重在開發和實現生命主體的價值理想。要認識客觀世界和建立理論系統，可通過邏輯與知識論。但邏輯只求推論正確，知識論只求認知客觀事實，都以預先存在的前提或事實為根據，而且絕不容許我們違反前提，改變事實。但儒家所要實現的內聖外王的價值理想，壓根兒便不是一個已成立的前提，或已存在的事實，而是要通過身體力行，使一個未成立的前提成立，未實現的理想實現。因此，知識理論只能是實現人生文化理想的助緣，而不是推動人生文化價值理想的原動力。西方文化的原動力，很大部分來自他們的宗教信仰。中國文化雖缺乏宗教信仰，但其行動大力依然來自一些對宇宙人生的信念，尤其來自儒家思想中的信念。如果我們將儒家看成只是一些理論系統，一些可以永無休止地爭論的知識，而沒有篤信不移、生死不渝的信念，則中國文化便會變得軟弱無力，難以可大可久。因此在儒家的行與信方面，提出來向大家請教。

儒家的行

儒學不完全是一些客觀知識。儒家的知，往往要在行中知。通過真實行，才有真實知。真實的本體，只有在工夫中顯現。工夫所至，即其本體。故盡心才能知性，盡性才能知天。盡心盡性的「盡」就是完全實踐的意思。比方孔子說：「學而時習之，不亦悅乎。」（《論語‧學而》）這裏所說的「悅」，不是與生俱來，人人具有的普遍事實，而是與我們作「學而時習之」的工夫不可分的。必須有「學而時習之」的生活實踐，才能體驗出這種悅。這種「悅」雖非普遍客觀事實，卻是在道德實踐中的真實。同理，孟子的浩然之氣，王陽明的與天地萬物一體，都不是一個客觀事實，而是必須通過配義與道及踐仁盡性才能達致的境界。沒有通過這些修行和踐履，是沒有資格去評論它的真妄的。因此，儒學主要不是一種知識，而是一種修行實踐，只有知行合一，言行一致，使理想真實化，才是儒學的血脈。如果坐而言，不能起而行，即使持之有故，言之成理，亦是空談，終成戲論。孔子要我們「聽其言而觀其行」（《論語・公治長》），《中庸》要我們「言顧行，行顧言。」孔門四科，以德行第一，就是這個道理。

儒家的行，主要是一種德行，一種道德實踐。一切德行，均源於我們生命主體的仁。仁是我們生命中與物通情、痛癢相關的感通之性，是我們生命主體面對另一真實生命或特定對象所流露出的真情實感。這種實感，傳統上用「怵惕惻隱」去形容。這種驚動傷痛，顯示我們具體生命的躍動。故「仁」決不是個抽象的觀念，而是我們的真實生命。由於我們生命中有這感通之性，因此能突破個體形軀之私，與物通情，打破人己與物我的界限，立己立人，成己成物，達致仁者與天地萬物為一體的境界。儒家所謂道德理想，就是指我們超出個體形軀的情志與願望而言。飢思食，渴思飲，懷生畏死，好利惡害，都是基於個體形軀之私的本能衝動與自然慾望，不能算是理想。但如果我們飢思食，也關懷到別人飢思食；渴思飲，也關懷到別人渴思飲，這就超出了個體形軀之私。依孟子說，這種好貨好色，與百姓同之的願望，便是基於同情共感，痛癢相關的仁心的理想。

儒家行仁，依於我們生命主體與不同特定對象的感通，而有相應的不同倫理道德。如父對子當慈，子對父當孝；兄對弟當友，弟對兄當恭，各有不同的本分。若反過來，父對子行孝，子對父行慈；兄對弟行恭，弟對兄行友，便不應理。同樣，感通之道亦有自然的親疏遠近之別，親親而仁民，仁民而愛物，是應理的。反之，厚其所薄，薄其所厚，便不應理。

儒家的仁愛，雖被稱為差等之愛，但並非限於家族本位。由於仁心之感通本無限隔，行仁雖以孝悌為本，但最終亦必至於仁民愛物，與天地萬物為一體。故墨子以儒家之仁愛為別愛，大可商榷。蓋以別愛異於兼愛則是，以別愛即不能博愛則非。儒家的愛本於仁心的真情實感，墨家的愛，本於天志的理所當然。墨家和基督教一樣，都要我們衝出家庭倫理的愛，以天帝普愛世人的心去愛一切人。儒家雖然也要我們愛一切人，但必須扣緊我們生命主體中怵惕惻隱的仁，從家庭倫理中涵養擴充去。否則愛只是抽象的理，而非真情實感。如是，愛在我們生命中便沒有了根源，成為無根之木，無源之水。結果，愛只成為一些教條，一些律法，對人不但無益，反而害之。儒家親親而仁民，仁民而愛物；老吾老以及人之老，幼吾幼以及人之幼的仁愛，不是基於邏輯上的推理，而是道德實踐上的推恩。推理只是理所當然，是知類明統的事，智上的事。推恩則基於超越個體形軀之私的同情共感，是仁上的事。由「親親」的前提，決不能演繹出「仁民」來，由「老吾老」的前提，亦決不能演繹出「老人之老」來，因為這決不是邏輯上的涵蘊關係，而是真實生命的開拓，不是依推論規律而來的論理，而是由克己復禮而來的德行。其實，只肯定理所當然的愛，實際上還不是愛，只有在怵惕惻隱的同情共感中，才存在愛。

儒行既是一種克己復禮之事，其修行工夫，除了要我們行忠恕之道、絜矩之道，作誠意、正心、明德、慎獨等工夫外，更有一套禮教和樂教，要羣體生活，依循一些客觀的規範，使人徙善遠罪，變化氣質。儒家的禮教，禮儀三百，威儀三千，除了規範着我們的視聽言動，要我們非禮勿視，非禮勿聽，非禮勿言，非禮勿動外，其犖犖大者，有冠禮、婚禮、喪禮、祭禮、朝禮、聘禮、鄉飲酒禮及射禮。這些禮教，無非要我們內在的心志理性化後，通過儀仗禮器之具，周旋進退之節表達出來。欲明君臣之義，便有朝覲之禮；欲使諸侯相尊敬，便有聘問之禮；欲明臣子之恩，便有喪祭之禮；欲明長幼之序，便有鄉飲酒之禮；欲明男女之別，便有婚姻之禮；欲明成人之義，便有冠禮。而儒家之樂教，亦是要在詩歌舞中，表達我們的心志，陶冶我們的性情。所謂詩言志，歌詠言。在心為志，必須發言為詩，才能有所表達。言之不足，便要長言之（長言就是歌詠），長言之不足，便要嗟歎之，嗟歎之不足，便要手之舞之，足之蹈之。詩言其志，歌詠其聲，舞動其容，然後配之以金、石、絲、竹、匏、土、革、木等樂器，和干戚羽旄等道具，乃能以明著的文飾，表達深厚的感情。以盛大的氣勢，使人感化神速，不但能使我們耳目聰明，血氣和平，而且也能達致移風易俗，天下皆寧的目的。故樂教的精義，在「情深而文明，氣盛而化神。」禮樂教化，雖然都是管乎人情，管乎人心，同時也是使人情人心得以調適上遂的羣體活動和大眾行為。

儒家的言説，多是扣緊不同的對象、不同的情境當機説法，因材施教，使聽者在進德修業中，能切己受用。故其言教，往往是一種方便説，不能只作抽象普遍的理解。不能知人論世，不知道有言不盡而意無窮之境，一味執着語言文字，死在句下，則對儒家這種重行踐的生命之學，是很難相應的。如子路問「聞斯行諸？」由於子路好勝，孔子為了挫折他，便答以「有父兄在，如之何其聞斯行之。」及冉求問「聞斯行諸？」由於冉求為人退弱，孔子為了鼓勵他，便答以「聞斯行之。」（《論語‧先進》）此外，孔子回答不同學生問仁、問孝、問政，都有不同的説法，就是這個道理。這和西方哲學偏重鋪陳系統理論和客觀知識，顯然有很大分別。

儒家的信

儒家不是一般的宗教，既無一般宗教的教條和儀式，亦無超自然、超現世的信仰。他的終極關懷，依然是這個世界。因此，人們很容易誤解儒家只是一些俗世的思想，始終在有限的世界與有限的人生中打滾，毫無靈性可言。實則中國文化之所以可大可久，決不是只看見現實的世界和現實的人生，而在其能抱持許多基本信念，衝破現實宇宙人生的有限性，追求無限的價值理想。故佛家有「眾生無邊誓願度，煩惱無數誓願斷，法門無盡誓願學。佛道無上誓願成」的四弘誓願，儒家也有「為天地立心，為生民立命，為往聖繼絕學，為萬世開太平」的四大有為之言。

儒家的信念，大體可分對天的信念和對人的信念兩大類。對天的信念，有天道無窮、乾坤不息、生生不已，天人合一、物我同體等。對人的信念，有人性本善、聖人可學、人同此心、心同此理等。這些信念，都是儒家的共信，沒有這些信念，儒家的行踐便失其依據。這些信念，不是一些已證成的知識，但也不是一般的宗教信仰。一般的宗教信仰是超現世的，儒家這些信念卻與現世通而為一。它雖不能在客觀上加以證成，卻能在無盡的道德實踐中加以體証。這些大信，不但綱維着中國人的行為，中國文化之所以可大可久，亦建基於這些信念之上。孔子云：「天何言哉，四時行焉，百物生焉。」（《論語‧陽貨》）傳統的天帝，到了孔子，已成為一個不言不語，健行不息、生物不測的天道，《易傳》、《中庸》又把這天道説成是一具備盛德大業的至誠至善的本體。不過，這個形上實體與我們頂戴着的蒼蒼之天，與雲行雨施的自然，卻是通而為一的。形上形下，並非截然隔絕。儒家有了這樣一個無限天道的信念，在現實世界中即使有許多實現不了的價值理想，依然可以在歷史的長河中，寄託其無窮的希望，而不致絕望死心。這是中華民族所以能在無窮憂患中百折不撓，巍然挺立的原因。也是中國能有殺身成仁、捨生取義、擇善固執、守死善道，與知其不可為而為之的宗教精神的原因。

儒家所信仰的天道，不但是無限的，而且也是生生不息的。這個能生的天道，與所生的萬物，不即不離。天地萬物，原為一體。人為萬物之靈，天和人，亦是不即不離的。因此，天人合德，天人合一，也是儒家的共信。人只要能從道德實踐中踐仁行義，突破個體形軀之私，窮理盡性以至於命，即能達到天人合一，物我同體的境界，取得無限而圓滿的意義。

儒家健行不息、生生不已的天道，是富有日新的。天道如果不是「苟日新、又日新，日日新。」（《大學》）而是陳陳相因的話，便不能說是生生不已。因為「生」有創新的意思，一切天地所生的，都是自天地開闢以來所未曾有的，都能增益和豐富天地的內容。天道的無限，不從其已有的內容上說，而從其不斷地突破其已有的內容，生生不已，富有日新上說。故儒家的天道觀，是開放的，而不是封閉的，是生生不已的，而不是一成不變的。

天地生人生物，既然都是新新不已，沒有一樣是重複的，因而也沒有一樣是多餘的。天道不是已完成的上帝，其創生萬物對天道自身而言，也不是可有可無的。因為生生不已的天道，是不斷富有日新。依儒家信念「天地生之，聖人成之。」（《荀子•富國》）天、地、人是三才，是要分工合作的。天地只負責前一階段的生，人卻要負責後一階段的成。天生人成，天人不但不是對立的，而且是相輔相成的。《禮記•禮運》云：「人者，其天地之德，陰陽之交，鬼神之會，五行之秀氣也。」故人本來就是天地的一部分，人若能盡己之性，盡人之性，盡物之性，即可以與天地參。人在天地間，居於裁成輔相、參贊化育的地位，天道人道，是和諧合一的。故儒家推行的禮樂，亦必須本於天，效於地。以禮效天地之別，以樂效天地之和，這種天人合一、天道性命相貫通的思想，是儒家重要信念之一。

由於儒家講天人合一、物我同體，只要我們能一本感通無隔的仁心，突破個體形軀之私，即能於有限中取得無限之意義。因此儒家不必相信有前生來世、天國極樂和靈魂不朽，也能保持人生的積極性，鍥而不捨、勇猛精進。因為突破了個體形軀之私的生命觀，是整體的生命觀。生命存在的意義，不再限於個體。子孫的生命，亦可視作我們的生命。推而廣之，民吾同胞，物吾與也，故不必執着地求個體生命的不朽，這是中國人不必有一般宗教信仰的原因。

儒家相應於天道的生生不已，也認為人心是感通無隔的。天道以生生為德，人心以感通為性。生生之謂仁，天道和人道都是仁。天道所以能生生不已，本於天道的至誠，人心所以能感通無隔，亦本於至誠。天道的生生不已並非由於無明衝動，而是原於至誠，至誠才能無息。而至誠就是至善，誠和善，在《中庸》是二而一，一而二的。故曰：「不明乎善，不誠其身矣。……誠之者，擇善而固執之者也。」儒家於相信天道是於穆不已的同時，也相信文王之德是純亦不已的。相信天道是至誠至善的同時，也相信人性是至誠至善的。儒家可以不信上帝，不信鬼神，不信來生，不信天國，但卻不能不信性善。

儒家是人本主義者、人文主義者，認為一切價值理想都由人創發出來，不能離開人的主體。如果善的根源不在人性上，便不可能再有別的根源。儒家講性善，即使不說性中原有孝悌等理，也要說性中的良知明覺，為一切價值的根源。良知明覺，雖原無孝悌等理，只在待人接物時，才自然生出孝悌等理來，如天道中原未有所生的萬物，只是後來才生出萬物來一樣。無論如何，天道總是萬有的根源，人性總是一切善的根源。這一點，無論孟子、荀子、二程、朱熹、陸九淵、王陽明，以至戴震，都無異辭，這確實是儒家的共信。

基於人性本善的信念，儒家更相信人皆可以為堯舜，人皆可以為聖人；人同此心，心同此理。孟子說：「凡同類者，舉相似也……，聖人與我同類者。」（《孟子•告子上》），象山（陸九淵）亦說，東海、西海、南海、北海有聖人出焉，此心同，此理同。儒家相信許多價值標準都可以有放諸四海而皆準的普遍性，我們所以認為不能有普遍的價值標準，只因為我們作價值判斷時，往往依於不同的興趣與修養和不同的觀點與角度，如盲人摸象一樣，當然便很難得出一致的見解。正如判斷一場京劇的好不好，有人根本對京劇沒有興趣，有人對京劇認識深一些，有人注意劇情，有人注意演技，有人注意服裝，有人注意鑼鼓，則各人的判斷，當然便會有很大的分歧。如果我們把判斷的相關事項都清楚表明，則一切價值判斷，決不會有很大差別。孟子說：「口之於味也，有同嗜焉；耳之於聲也，有同聽焉；目之於色也，有同美焉，至於心，獨無所同然乎。」（《孟子・告子上》）這也是儒家的共信。

在振興中華叫得震天價響的今天，假使我們不能都改奉佛教或基督教，而又不安於浮淺與鄙俗，則以上這些曾經作為中華民族所託命的大信，應當重新加以弘揚，使炎黃子孫從這些信念中，再引發出無窮願力，去承擔歷史的責任。

四、儒家的教與學

現代學校教育注重工具理性，主要教學生知識技能。至於價值理想、道德操守的問題，則委之於宗教。儒家立教，雖非反智，但並不以知識技能為主，而首重倫理道德。故孔門四科，以德行第一。顏回不遷怒，不二過，孔子便說他好學。（事見《論語・雍也》）食無求飽，居無求安，敏於事而慎於言，就有道而正焉的君子，孔子也說他好學。（事見《論語・學而》）故夏、商、周三代共通之學，孟子以為「皆所以明人倫也」（《孟子・滕文公上》）。

儒家內聖外王的理想，其實都是道德理想，就《大學》言，內聖為修己之事，工夫為格、致、誠、正；外王為治人的事，工夫是修、齊、治、平。實則成己便要成物，立己便要立人，內聖與外王，是一以貫之的。要成就內聖外王的理想，便必須突破小己的生命，與民物通而為一，做到「民吾同胞，物吾與也。」（宋代張載語）的境地。而且只有如此，達至窮理盡性而至於知命的境界，才算成德。

儒家的道德教育，着重點出我們主體生命中的道德根源。此即孔子所指的仁心，孟子所指的善性。儒家以為道德根源不在於上帝的權威、先知的誡命或外在的律法，而是本乎我們的良知善性。道德的踐履是踐仁盡性的事。忠孝等德目固然有它的社會價值，但儒家教忠教孝，主要是由於盡忠盡孝才能踐仁盡性，使我們的人格得以完成。孟子云：「……舜於畎畝之中。天下之士多就之者，帝將胥天下而遷之焉。為不順於父母，如窮人無所歸。天下之士悅之，人之所慾也，而不足以解憂。好色，人之所慾，妻帝之二女，而不足以解憂。富，人之所慾；富有天下，而不足以解憂。貴，人之所慾，貴為天子，而不足以解憂。人悅之，好色，富，貴，無足以解憂者，惟順於父母可以解憂。」（《孟子・萬章上》）可見行孝是使我們的生命得以調適上遂、人格得以完成的內在要求，與任何外在權威、客觀要求無關。今人為了要達到子女照顧父母的目的而提倡孝道，不肯定有良知善性、道德自覺，一味以權威政令來推行忠孝之道，這決不是儒家教忠教孝的原意。同理，儒家認為：「禮樂之說，管乎人情。」（《禮記・樂記》）「禮樂之統，管乎人心。」（《荀子・樂論》）禮教、樂教亦必須扣緊我們生命主體的仁心善性。否則徒有俎豆玉帛、干戚鐘鼓，亦毫無意義。故孔子說：「人而不仁如禮何，人而不仁如樂何。」（《論語・八佾》）

許多人以為儒家既然重視我們生命內在的道德自覺，便忽視客觀的文物形式。實則儒家不但重質，也重文，文質並重。故曰：「質勝文則野，文勝質則史。文質彬彬，然後君子。」（《論語・雍也》）又曰：「文猶質也，質猶文也。」（《論語・顏淵》）故儒家的禮樂教化特重人在禮文制度、客觀形式中陶冶性情，使人日徙善遠罪而不自知。

禮教雖本於仁心，但亦必須有種種儀仗禮器、周旋進退之節，才能使禮意表現無遺。故欲明君臣之義，便有朝覲之禮；欲使諸侯相尊敬，便有聘問之禮；欲明臣子之恩，便有喪祭之禮；欲明長幼之序，便有鄉飲酒之禮；欲明男女之別，便有婚姻之禮。而冠禮則為責成人禮，蓋冠然後服備，服備然後容體正，顏色齊，詞令順，達到正君臣、親父子，和長幼的目的。這都和許多衣服器物、禮節儀文有關。可見儒家的德教，是情文俱盡、心物相通的。今人一面批評儒家禮儀三百、威儀三千為繁文縟節；一面又說儒家只有抽象說教，而缺乏客觀踐履的途徑。不但妄自菲薄，而且厚誣古人，對儒家立教，並不了解。

儒家立教，除了文質並重、道器並重外，還有學思並重。格物的工夫雖不必如朱子所謂，但即使是多識鳥獸草木之名，也是孔子所肯定的。《論語》開宗明義是「學而時習之」，《荀子》第一句是「學不可以已」。孔子不但是偉大的先師，而且也是一位偉大的學生。孔子入太廟，每事問，自言：「三人行，必有我師焉。」又曰：「我非生而知之者，好古敏以求之者也。」（《論語•述而》）知仁勇雖然是一種德目，亦必須以好學來輔助它。所以孔子說：「好仁不好學，其蔽也愚；好知不好學，其蔽也蕩；好信不好學，其蔽也賊；好直不好學，其蔽也絞；好勇不好學，其蔽也亂；好剛不好學，其蔽也狂。」（《論語•陽貨》）

雖然在《論語•衛靈公》和《荀子•勸學》都有「終日而思，不如學也」的話，但並不等於說他們不重視思，只能說他們都是學思並重的。思是理性的思考，從外面學來的東西，必須通過我們理性的審查、批判、調和、整理，才能成為系統的知識，協助我們達致內聖外王的理想。所以孔子說：「學而不思則罔」（《論語•為政》），又說他的學問非多學而識，而是「一以貫之」（《論語•審問》）。荀子也說：「聖人者，以己度者也。故以人度人，以情度情，以類度類，以說度功，以道觀盡，古今一也。類不悖，雖久同理。」（《荀子•非相》）孟子更說：「心之官則思，思則得之，不思則不得也。」（《孟子•告子上》）由此可見儒家學思並重之一斑。

孔子施教，「有教無類」（《論語•衛靈公》），曰：「自行束脩以上，吾未嘗無誨焉。」（《論語‧述而》）《論語》還記載，孔子見互鄉童子，門人以為其人習於為不善，不當見之。孔子言人潔己而來，固不能保其前日所為之善惡，亦不能保其退而為不善，何必拒人於千里之外？儒家施教，均有特定之對象，其目的在使對方開悟受益，必須因材施教，當機說法，而非以發表一己之理論為目的，作一般性之演講。故孔子對不同學生問同一問題，可以有不同的答案。如子路問「聞斯行諸？」由於子路好勝，孔子便答以「有父兄在，如之何其聞斯行之。」及冉求問「聞斯行諸？」由於冉求為人退弱，孔子便答以「聞斯行之。」（《論語‧先進》）其餘問仁、問政、問孝等亦然。

在因材施教時，不但要因就對方才性，也要因就對方的程度。「中人以上，可以語上也；中人以下，不可以語上也。」（《論語‧雍也》）「可與言而不與之言，失人。不可與言而與之言，失言。」（《論語‧衛靈公》）對方心求通而未得，然後開其意，口欲言而未能，然後達其辭。所謂：「不憤不啟，不悱不發，舉一隅不以三隅反，則不復也。」（《論語・述而》）《禮記・學記》云：「善問者如攻堅木，先其易者，後其節目，及其久也，相說以解；不善問者反此。善待問者如撞鐘，叩之以小者則小鳴，叩之以大者則大鳴，待其從容，然後盡其聲；不善答問者反此。」《荀子・勸學》亦云：「問楛者，勿告也。告楛者，勿問也。說楛者，勿聽也。有爭氣者，勿與辯也。故必由其道至，然後接之，非其道則避之。故禮恭而後可與言道之方，辭順而後可與言道之理，色從而後可與言道之致。故未可與言而言謂之傲，可與言而不言謂之隱，不觀氣色而言謂之瞽。」以上可見儒家權宜施教、方便說法之一斑。

儒家既要對特定的對象權宜施教，而非作抽象的說教，故對每一個學生的特長個性，亦必須知之甚稔。孔子云：「由也果……賜也達……求也藝。」（《論語・雍也》）「師也過，商也不及……柴也愚，參也魯，師也辟，由也喭。」（《論語・先進》）我們除了可在《論語・子罕》看到子貢、顏淵讚歎孔子的話外，孟子也說：「宰我、子貢、有若智足以知聖人。」（《孟子・公孫丑上》）可見孔門師弟之間，皆直接與對方人格相照面。這種「學莫便乎近其人」（《荀子‧勸學》）的教學特色，實有合於西方的導師制度，值得我們參考。

五、儒家如何化解生的困惑

王羲之在《蘭亭集序》敍述羣賢雅集的歡樂時說：「此地有崇山峻嶺，茂林修竹，……是日也，天朗氣清，惠風和暢，仰觀宇宙之大，俯察品類之盛，所以遊目騁懷，足以極視聽之娛，信可樂也。」然而，他跟着又說：「及其所之既倦，情隨事遷，感慨係之矣。……每覽昔人興感之由，若合一契。」究竟人生在世，有甚麼互相契合的感慨呢？人生必有死，所謂「千齡兮萬代，共盡兮何言」，這是世人千古共同的感慨。然而，這些感慨，是否必然引起我們的困惑呢？

談及生的困惑，我們應將困與惑分別開來。困惑的問題，是關乎生命的問題。無生命，便無所謂困惑。一塊石頭，無論埋藏在地下多久，也不會有困惑的問題。只有有生命，有嚮往，有願望的存在，才有所謂困。一盆花，是有生命的，它有向陽性和向水性，你把一盆花放在窗前，它的花葉總是向着窗外的陽光。你覺得它們背着你，不好看，把它們轉過來，但不久它又向出去。你不讓它親近陽光，便會萎謝。籠中鳥、缸中魚，都有受困的感覺。人為萬物之靈，有更多的嚮往和願望。倘使受環境的限制，使志不得伸，便有受困的感覺。

人生最大的惑：強求永生

然而，人有困，並不一定有惑。怎樣才由困產生惑呢？惑的原因，是由於我們的嚮往和願望不合理，不本分，想入非非所致。人要生存，飢思食，渴思飲，當我們飢不得食，渴不得飲時，我們便遇到困難，有受困的感覺。我們生命的願望愈大愈多，所遇到的困難，必然也愈大愈多。此時你只有無畏無懼，不屈不撓地面對困難，努力奮鬥，卻不一定產生惑。我們的奮鬥也許方法錯誤了，力度不足夠，只要我們改正我們的方法，加大我們的力度，這都不會產生惑。然則，甚麼願望是不合理的，不本分的，將會產生惑呢？比方我們有病不求醫，卻願望不藥而癒。欲得而不肯付出努力，卻想不勞而獲，以及許多怪、力、亂、神的事，違反常道的事，都是不合理的，不本分的，這便容易產生惑。

人生只要有理想，有願望，由未實現而求實現，便必然會遇到種種困難，因而也會感受到一些痛苦。這都是合理的，人為了實現理想，便當承擔這些痛苦。苦不由於原罪，也不是由於業報。故孟子說：「天將降大任於是人也，必先苦其心志，勞其筋骨，餓其體膚，空乏其身，行拂亂其所為，所以動心忍性，增益其所不能。」（《孟子‧告子下》）儒家正視苦與罪，認為苦是要承擔，罪是自作孽的結果，不對苦與罪作超現世的解釋，因而也不求菩薩渡劫數難逃的苦，不求上帝贖與生俱來的罪，由於沒有對苦與罪的迷，因而也沒有許多對生命的惑。

人生必有死，這是命，我們卻不知命，不肯面對死亡，這是人生最大的惑。人生在這廣宇悠宙之中，如白駒過隙，滄海一粟，確實有使人感慨的地方。這些感慨不是不合理的，因而也不是惑。但你若因哀吾生之須臾，羨長江之無窮，而求「挾飛仙以遨遊，抱明月而長終」這就是惑了。所以王羲之說：「故知一死生為虛誕，齊彭殤為妄作。」死生不是一，彭（彭祖，寓指長壽）、殤（短壽）亦不能齊，你硬要一死生，齊彭殤，這就是虛誕，就是妄作，就是惑。

如何解惑？當盡力把握生

人面對死亡，怎樣才能免於惑呢？首先，我們必須正視個體生命是個有限的存在，無論在時間和空間上都是有限的。一個在現實時間和空間中都是有限的存在，欲要求在現實時間和空間中成為無限的存在，這要求本身，就是不合理的。一個不合理的願望，無論如何也不可能實現，而我們欲追求這願望的實現，甚至造出種種不實際、不合理的方法去求其實現，這都是惑。

人面對死亡，產生感慨是合理的，求永生，便不合理。感慨是對無可奈何的命運的感慨，求永生，是對命運的無知和反叛。可以反叛的去反叛，還不算不合理，不可以反叛的去反叛，這就不是一個君子所應為的了。人若求永生，究竟永生是甚麼意思呢？永生就是不死。但生必有死，所謂方生方死，有新陳代謝，才有所謂生。有新的生，必有陳的謝，生而沒有新的生，沒有陳的謝，便沒有生命現象可言。永生如果是指我們原有生命的永存，便是沒有新的生命的新生，沒有新生，怎麼還叫永生呢？膠花是沒有新陳代謝的生命現象的，它算不算是永生呢？因此，追求個體生命的永生，實在是個使人迷惑的念頭。

佛教以變化無常的天地萬物是虛幻，是苦，儒家面對無常的事物，並不認為虛幻，因此也不說無常是苦。天地萬物本來就是變動不居，周流六虛的。至真至實的東西，無不在變化無常之中。一個生機活潑的宇宙，就在變化無常中顯現。金、木、水、火、土都是至真至實的，中國人稱之為「五行」。中國人並不離開變化無常的事物去追求真實，因此，人生的意義，亦只能在喜怒哀樂中體現出來。喜怒哀樂都是情，有生命就有喜怒哀樂之情，情是生機活潑的，人的情思、情懷、情志、情意都在變易之中，但都是至真至實的，故「情」亦解作「實」。體會這些情，才能體會真實的人生。如果我們一味求永生、求永恒，認為這些喜怒哀樂的情，都是情隨物遷的，變化無常的，因而都是虛幻的，無視它們的存在，那你就無視了生命。王羲之在觀宇宙之大，品類之盛時說：「信可樂也」，這是真實的樂。孔子在有朋自遠方來時說「不亦樂乎」，也是真實的樂。我們觀山時，吟出：「萬壑樹參天，千山響杜鵑」；觀水時，吟出：「孤帆遠影碧空盡，唯見長江天際流」；觀雪時，吟出：「戰罷玉龍三百萬，敗鱗殘甲滿天飛」；觀菊時，吟出：「衝天香陣透長安，滿城盡帶黃金甲」，不是都很美麼？這種美，都如流水行雲一樣，變易無常的，你能在永生的天國，不生不滅的涅槃中看到嗎？你說人生只有苦與罪，不是太煞風景了嗎？

人生當然不只有樂事，也有許多可悲可哀的事。「牀牀屋漏無乾處，兩腳如麻未斷絕」是可哀的；「苦恨年年壓金線，為他人作嫁衣裳」是可哀的；「有孫母未去，出入無完裙」更是可哀的。但在許多悲哀愁苦之中，依然強烈地透射出生的姿彩。杜甫就因為有國破家亡的傷痛，才有「劍外忽傳收薊北，初聞涕淚滿衣裳。卻看妻子愁何在，漫捲詩書喜欲狂。」杜甫在感歎「少壯能幾時，鬢髮各已蒼。訪舊半為鬼，驚呼熱中腸。」時，並沒說人生是虛幻的。孔子在感歎「泰山其頹乎！梁木其壞乎！哲人其萎乎！」時，也沒有說人生是虛幻的。在儒家看來，生命就是這樣充滿起伏跌宕，喜怒哀樂，這是至真至實的。正如程伊川說：「生死成壞，自有此理，何者為幻？」

人生雖然有許多可樂的事，但畢竟生年不滿百，總是個遺憾，儒家對這樣短暫的人生，難道一點困惑都沒有嗎？死既然是我們必須接受的命運，所以人不必再去逃避死，而當盡力去把握生。生既然短暫，我們更應該發憤忘食，剛健不息地，為實現理想而努力。所以孔子要我們鞠躬盡瘁，死而後已。人一息尚存，便不可以息。故孔子對子貢說，對國君、妻子、朋友和耕稼都不可以息，人唯一可以息的地方是墓穴。故子貢曰：「大哉，死乎！君子息焉，小人休焉。」（《荀子・大略》）

朝聞道，夕死可矣

既然人要剛健不息，死而後已，為甚麼孔子又說：「朝聞道，夕死可矣」（《論語・里仁》）呢？究竟這個道，是甚麼呢？

孔子所說的道，是天道，也是人道。天道以生為德，人道以仁為性。這個道，是天人合一之道，盡性知命之道。當我們聞知這個道，便能在有限的人生中，取得無限的意義。

人怎樣才能盡性知命，在有限的人生中取得無限的意義呢？人的個體生命都有仁性。仁性是生命中的感通之性。這感通之性，能與他人、他物同情共感，痛癢相關。仁的感通，由親及疏，由近及遠，故能「親親而仁民，仁民而愛物」，「老吾老以及人之老，幼吾幼以及人之幼」，其極必至於與天地萬物為一體而後止。仁是我們生命的主體，要安頓人生，便要安頓我們的心。要安頓我們的心，便要依仁而行。仁心感通無隔，終必至於與天合一，如陸象山說：「宇宙內事，即己分內事，己分內事，即宇宙內事」，所以人的自然生命雖有限，通過踐仁盡仁，便能以有限的人生，取得無限的意義。

人不安於有限，追求無限，只要你不是追求有限個體的無限，只是追求有限個體取得無限的意義，那是合理的，並不是惑。求仁而至於與天合德是合理的，求個體的永生才是惑。仁不限於個體，將人的生命封閉於個體形軀之中，與形俱盡，與物同腐，這就不能突破個體，與天合德。一個聞道的生命就是通過踐仁盡性，突破個體形軀的生命，一個能做到「存，吾順事，歿，吾寧也」（張載，《西銘》）的生命，一個沒有甚麼遺憾的生命，故孔子說「夕死可矣」。

憑良知作抉擇

一個取得無限意義的人生，是一個把個體生命融入歷史文化中的生命。天道無窮，創生不已，人類創造歷史文化，是繼天立極，贊天地之化育。文天祥謂「人生自古誰無死，留取丹心照汗青」。叔孫豹所謂立德、立功、立言的三不朽，都是指此而言。也許有人認為一個寂寂無名之輩，怎能有甚麼德功言留名千古呢？

須知每一個人的生命，在這廣宇悠宙之中，都是獨一無二的。你所在的時空際遇，沒有其他人與你相同。在你有生之年，所願望實現和可能實現的價值理想，也沒有其他人可以代替。人願望實現和可能實現的價值理想是很多的，憑你七尺之軀，百年之身，不可能通通加以實現。因此，你必須加以抉擇，你必須乾綱獨斷，因為無人可以了解你的特殊際遇，替你越俎代庖。比方，在忠孝不能兩全時，你如何抉擇呢？道德的抉擇，沒有外在的標準，儒家不說忠大過孝，或孝大過忠，你必須憑你當下的良知作決斷，不要瞞天，不要欺心。

孟子曾假設過一種情況：舜為天子，舜的父親瞽瞍殺人，臯陶為法官，舜怎辦呢？任臯陶執法，便不能存孝；要臯陶枉法，便不能存忠。在忠孝不能兩全時，孟子提供了一個可能的選擇，那就是要舜放棄天子之位，背負瞽瞍逃於北海之濱，終身欣然，樂以忘天下。舜放棄了天子之位，不以權謀私，這對存忠不免還有一些遺憾，但也不失為一個可能選擇。因為舜不為天子，有別人為天子，他若不盡人子之責，便無法終身欣然。孔子講直道，也不是反對其父攘羊而子證之，只是說「父為子隱，子為父隱，直在其中矣。」故曰：「吾黨之直躬者異於是。」（《論語•子路》）一切道德的抉擇，都要由自己決斷。《正氣歌》所述的太史簡、董狐筆、張良椎、蘇武節、將軍頭、侍中血、睢陽齒、常山舌，都不是根據一個外在的標準和客觀的教條去抉擇的，而是憑一個可以使你安身立命的良知去作抉擇。由我們生命主體的仁心良知作出的生命抉擇，各人不同，聖賢豪傑的抉擇和販夫走卒、愚夫愚婦的抉擇，都是獨一無二的，都可以創造出不同的價值理想，豐富了天道的內容，這些內容，同樣可以流入歷史文化之中。

歷史文化是天道的一部分，你在歷史文化中不朽，就是在浩蕩乾坤、不息天道中不朽。歐陽修在《祭石曼卿文》中謂：「嗚呼曼卿！生而為英，死而為靈。其同乎萬物生死，而復歸於無物者，暫聚之形；不與萬物共盡，而卓然其不朽者，後世之名。此自古聖賢，莫不皆然。」以後世之名求不朽，即在歷史文化中求不朽，而不在這個浩蕩乾坤以外求不朽。且人生在世，既各有其獨特的際遇，各有其價值理想的創造，則無論聖凡賢愚，一律平等，都各有其卓然不朽的地方，不必都要著在簡冊。儒家如此地講求不朽，是合理的，因而也是不惑的。

盡性知命，直道而行

人生雖然追求圓滿，但你不能用不合理的方法去追求，使你的人生流於惑亂。儒家在追求圓滿的同時，是知命的，安分的。人只能盡其在我，知命而止。孔子求行道於天下，亦只能說「道之將行也歟？命也，道之將廢也歟？命也。」（《論語‧憲問》）因此，人必須正視人生的缺憾，不能想入非非。人生的迷惑，就由於你不知命，不認命，不安分。沈葆楨對鄭成功的一生，曾如是評價：「開萬古得未曾有之奇，洪荒留此山川，作遺民世界；極一生無可如何之遇，缺憾還諸天地，是創格完人。」孔子未能實現他的理想，鄭成功未能實現他的理想，都是無可如何之遇，這無疑是一種缺憾。但這個缺憾，不能由我有限的生命負責，缺憾可以還諸天地，這便算是完人。人生在世，重要是盡性知命，你性中有無窮的價值理想要實現，但以你有限的人生，無法一一使其實現，你便要知命。如果你硬要將一切價值由你一人去完成，則未來的天地，豈非白過？豈非不能再有創造，再有新生？天地是生生不息的，永遠有新的價值的實現，亦即人永遠不能實現所有的價值，這才是一個天地變化草木蕃的世界。而不是一個天地閉，賢人隱的世界。《中庸》說：「天地之大也，人猶有所憾」。孔尚任在《桃花扇》裏說：「神有短，聖有虧，誰能足願？地難填，天難補，造化如斯」。神聖天地，尚有所虧短，有所不足，何況常人。因此所謂完人，不是全無缺憾，而只是盡性盡分而已。天道是開放的，人生是豁達的，這有甚麼困惑呢？

一般宗教，為了勸世，總說善有善報，惡有惡報的因果報應。後期儒家，《中庸》講：「大德者，必得其名，必得其位，必得其壽。」《易傳》也講：「積善之家，必有餘慶，積不善之家，必有餘殃」。這些思想，都是為了保證宇宙正義的實現。但德福合一是必然的嗎？人在作道德實踐時，都要求福報嗎？在孔孟的思想中，顯然沒有這種信念。如果積德者真有福報，為甚麼孔子要再逐於魯，伐樹於宋，窮於陳蔡之間呢？顏淵在孔門德行第一，為甚麼短命而死呢？伯牛有疾，孔子感歎：「斯人也而有斯疾也」，豈不是為伯牛抱不平嗎？因果報應，只是說種善因得善果，種惡因得惡果，但善與福，惡與禍，不必有必然的因果關係。作善的因果報應可能只是「心逸日休」，作惡的因果報應，可能只是「心勞日拙」，和名位壽考等福報不一定有關係。所以孟子說，我們見孺子將入於井而有怵惕惻隱之心，只是出於我們生命中的同情共感，行仁是無條件的，決不是為了求福，故曰：「非所以內交於孺子之父母也，非所以要譽於鄉黨朋友也，非惡其聲而然也。」（《孟子‧公孫丑上》）故在孔孟心目中，福德不必合一，福德可以是分途的。伯夷、叔齊反對以暴易暴，對武王伐紂扣馬而諫。武王得天下後，天下宗周，伯夷、叔齊義不食周粟，結果餓死首陽山下，這公平嗎？如果伯夷、叔齊的行事是合符仁義的，則他們應有相應的福報，為甚麼要餓死呢？如果伯夷、叔齊的行仁蹈義是為了求福，則他們一定會有怨。但孔子說他們「求仁而得仁，又何怨？」（《論語・述而》）求仁只能得仁，行仁而欲得福，這不合行仁的本旨，不合孔孟之道。司馬遷為了替李陵辯護，結果受了宮刑，因此他對天之所以報施善人的信念，亦有「是邪非邪」的感歎。人生行事，只能遵道而行，直道而行，一切一廂情願的祈求，只能產生迷惑而已。

儒家對人生沒有一廂情願的祈求，沒有不合理的願望，因此儒家所面對的天地，是和風慶雲，堯天舜日的天地。沒有一般宗教的詭秘性和巫魘性，也沒有許多天堂地獄，妖魔鬼怪的神話。由於天清地寧，日月靜好，一切都是吉祥嘉慶的。人可以不憂、不懼、不惑地做一個理性清明，頂天立地的漢子，這就是中華文明的潔淨。

六、論儒學思想的開放性

今天講儒家思想的，有偏就儒家思想本身而言，有偏就儒家思想影響下之中國文化現象而言。中國文化以儒家為主流，講中國文化雖不能離開儒家思想，但儒家思想與中國文化究竟不是一回事，因此，一些人把中國文化中的保守性，封閉性歸咎儒家，這是不公平的。以下本文就儒家之天道觀、人生觀、倫理觀與知識觀，說明儒家思想之開放性。

天道觀

朱子云：「吾儒本天，釋氏本心。」（《文集》卷三十，《答張敬夫》）儒家肯定在人心以外，有一個作為萬有根源的天道，在這個天道以外，沒有肯定別的世界，也沒有肯定前生和來世，因此，一切價值理想的實現與保存，都只能在這個世界上求。

儒家並不認為天道是一個人格神，也不是一個圓滿具足，或已成就一切價值的實體。而只是一個「四時行焉，百物生焉」（《論語‧陽貨》）的萬有根源，一個生生不已的本體。儒家賦予天道以盛德至善的屬性，但說天道是盛德至善，不是說他已成就一切價值，只由於天道之「行」，是健行，天道之「生」，是生生，《易傳》謂「天行健」、「天地之大德曰生」、「繼之者善也」；《中庸》謂「至誠無息」，均就健行不息、生生不已說天道之德善。故魯哀公問孔子「君子何貴乎天道也？」孔子答曰：「貴其不已。如日月東西相從而不已也，是天道也；不閉其久，是天道也；無為而成，是天道也；已成而明，是天道也。」（《禮記‧哀公問》）既然天道之至誠至善在於不息不已，天道之盛德大業在於大生廣生，因此，儒家的天道，不可能不是開放的。因為要肯定一個健行不已、生生不息的天道，便必須肯定天道在健行、生生中所化育出來的萬物都不是多餘的，不是陳陳相因的，而是新新不已，對天道的內容有所增益的。倘使由天道化育出來的人和物，都是開萬古得未曾有之奇，而非古已有之的贅餘，都能豐富天道的內容，則天道不可能是個已成的物事，不可能是封閉的本體。

儒家並不肯定任何已成的絕對完美的東西，只將絕對完美的東西作為無盡嚮往的理想。因此，孔子不敢自認是聖人，儒家亦說聖人亦有過失。孔尚任《桃花扇》的「餘韻」中云：「神有短、聖有虧，誰能足願？地難填，天難補，造化如斯。」確實道出中國文明中對天道神聖的一種豁達的看法。《中庸》云：「天地之大也，人猶有所憾。」天道之所以是大德至善，不是因為他圓滿無缺憾，而在於他健行不息，生生不已。在大化流行，乾坤浩蕩之中，日益取得富有日新的盛德大業，才是儒家所嚮往的天道。因此，儒家的天道觀，是在新新不停中豐富其內容的本體，他不是個已成的東西。

基於以上見解，便有孔子「人能弘道，非道弘人。」（《論語・衛靈公》）荀子「天地生之，聖人成之。」（《荀子・富國》）王船山「命之日降，性之日生日成。」（《尚書引義》卷三）的思想。天道是開放的，天道更充實的內容有待於來者的參與贊助，因此，儒家也提出了人在宇宙中崇高的地位，使人成為三才之一。

人生觀

儒家認為我們的生命，除了由身體而來的自然情慾外，還有心的昭明靈覺。孟子稱前者為小體，後者為大體。耳目口鼻之慾，不思而蔽於物，完全受官覺之偏和本能衝動所支配，故為小體。心之官則思，能超拔於官覺之偏和物慾之私，對他人他物痛癢相關，同情共感，故為大體。孔曰成仁，孟曰取義，都認為人的生命所欲有甚於生，所惡有甚於死。即使荀子也說：「人之所欲，生甚矣；人之所惡，死甚矣。然而人有從生成死者，非不欲生而欲死也，不可以生而可以死也。」（《荀子・正名》）後來朱子要我們「必使道心常為一身之主，而人心每聽命焉。」（《中庸章句•序》）亦不外要我們不可以小害大，以賤害貴的意思。

心的昭明靈覺，孔子稱之為仁，孟子稱之為良知。仁心與良知能夠逸出個體形軀之私，與物通情，感通無隔。但由於我們的生命存在，與其他存在間有種種親疏遠近的關係，故在踐仁盡性時，往往亦依親親而仁民，仁民而愛物的順序而展開，但其極都是要達致與物同體，與天合德的境界。

生命是追求實現種種價值理想的歷程，這個歷程是死而後已，永無止境的。因此，一切有限的理想，都不足以安頓我們的生命。在其他文化系統中，大體都把一些無限而圓滿的理想，寄託於宗教信仰上。憑藉宗教信仰，不但使有限的人生取得無限而圓滿的意義，獲得終極的安頓，而且也藉宗教信仰使我們無論處在如何暗淡與悲慘的現實生活中，亦能保持我們的理想，使之永不斷滅。儒家是不相信有另外的世界，另外的人生的，因此，當我們看到我們的價值理想不能在現實世界中實現時，我們的理想豈不就要熄滅嗎？理想的熄滅，就是生命的凋謝，然則儒家如何維護理想於不墜呢？

原來儒家認為對我們的生命，不應只作分別想，而應作整體觀，生命不只是一個個割裂的個體，而是一個個繩繩不絕，生生不息的生命流。我們不但有個體生命的自覺，也有與先祖生命，子孫生命通而為一的自覺。故個人未完成的理想，可以寄託於子孫後代的身上，中國人所講的孝道，是善述其事，善繼其志。人不但可以子孫的生命為自己生命的延續，從宏觀看生命，則一個感通無隔的生命，還可以達致渾然與物同體或與天地萬物為一體的境界。能如是，則即使我們沒有後嗣子孫，只要乾坤不息，天地不滅，我們都可以把一切價值理想寄託在這個浩蕩乾坤、無窮天地之中，使我們的價值理想永不凋謝。這是儒家人生觀的精微處。

人的生命，就其能感通無隔言，雖可以與天地萬物為一體，但現實生命到底有自然的極限，儒家於此決不執着，決不幻想，而要我們樂天知命，加以正視。正視現實的個體生命的極限，不作非分之想，所以不流而為宗教。但儒家在正視個體生命的極限的同時，又能通過個體生命中的仁性，體悟到一個整體的生命，而產生民胞物與，天地一體的襟懷，這是儒家盡性知命之學的獨特智慧。

儒家在正視了作為生命大體的仁心良知的同時，也正視了作為生命小體的自然情欲，孔子說「無欲則剛」，孟子說「養心莫善於寡欲」，甚至宋儒所謂「存天理，去人欲」，都不是禁欲、絕欲的意思。正如《荀子‧正名》所云：「有欲無欲，異類也，生死也，非治亂也。」有欲則生，無欲則死，這無關乎治亂，只關乎生死，儒家豈有置人生死於度外之理。儒家所反對的，只是那些完全不顧及別人的私欲，如果好色、好貨，與百姓同之，那是儒家所要成全的。故荀子以制禮之目的在養人之欲，給人之求；孟子以養生喪死無憾為王道之始；孔子亦主張富而後教。可見儒家一面正視了生命的無限性；一面也正視了生命的有限性，這實是對生命的一種平正而開放的態度。

倫理觀

梁漱溟先生在《中國文化要義》一書中，謂中國社會是倫理本位的社會。倫是倫偶，指人與人之相與關係而言。理是指人倫相處應有之理。如在父子一倫中，其理為父當慈，子當孝；在兄弟一倫中，其理為兄當友，弟當恭；在夫婦一倫中，其理為夫當義，婦當順；在君臣一倫中，其理為君當敬，臣當忠；在朋友一倫中，其理為當彼此守信。傳統上，儒家把人際關係，分為五倫，倫理的義務，完全是相對的，無論你處在甚麼地位，都有應盡的義務。倘使你沒有盡你應盡的義務，便沒有理由要求別人盡他的義務。這叫做反求諸己。《大學》謂：「有諸己而後求諸人，無諸己而後非諸人，所求乎身不恕，而能喻諸人者，未之有也。」

倫理之理，本乎恕道，亦即本乎仁道，本乎人的道德理性，而不是本乎權威。一般人以為儒家的倫理是一些反理性的權威，這完全是誤解。《大學》所謂「絜矩」之道，是要我們「所惡於上，毋以使下；所惡於下，毋以事上；所惡於前，毋以先後；所惡於後，毋以從前；所惡於右，毋以交於左；所惡於左，毋以交於右。」而《中庸》所謂君子之道，是要我們所求乎子以事父，所求乎臣以事君，所求乎弟以事兄，所求乎朋友先施之。這完全本乎施諸己而不願，亦勿施於人的忠恕之道。因此，倫理生活就是一種理性的生活，一切都要合情合理，決不等於盲目的服從。故荀子要我們「從道不從君，從義不從父。」（《荀子‧子道》）《孝經‧諫諍》亦云：「當不義，則子不可以不爭於父，臣不可以不爭於君。故當不義則爭之。從父之令，又焉得為孝。」《論語》載孟武伯問孝，孔子答曰：「無違」。後來孔子怕孟武伯誤會了他的意思，特地對樊遲解釋了「無違」是指無違於禮，不是不論合義不合義，一味盲從。故以君父之權威，單方要求臣子無條件地服從的所謂忠孝，是《韓非子‧忠孝》篇所講的忠孝，那是法家的產物，與儒家無關。

倫理關係，不是團體與分子之間的關係，而是個人與個人的關係。倫理的義務，是每一個倫理主體，面對另一個倫理主體時，基於仁心理性，自覺地加以規定的。因此，倫理生活一方面可以規範我們的行為，另一方面也可以淨化我們的生命，不但使我們的社羣生活能達致羣居和一的境地，也能使我們的生命不受無明私慾的閉塞，陶冶出心地清明，尊崇理性，忘我無私，捨己為人的品格。人只要能犧牲自我，成全他人，則無論他為兒女犧牲，或為國家犧牲，他的生命均已從自然生命中超拔出來，成為一個道德的生命。人由自然生命進至道德生命，便能產生深情大願，擔負偉大的價值理想。故中國文化之能悠久博大，未始不是拜倫理道德所賜。

倫理生活基於個體的良知理性對不同個體接觸時的責任義務的自覺，不同於墨家的兼愛和基督教的博愛是基於天志或天父的意志，也不同於現代生活。現代生活注重個人通過羣體的間接接觸，倫理生活培養道德意識，現代生活注重培養政治意識；倫理生活重義務，現代生活重權利；倫理生活本於良知，現代生活本於法制；倫理生活分親疏尊卑，不同的位分有不同的義務，現代生活則重講公民權利，人人一律平等。似乎倫理生活和現代生活頗多格格不入之處。然而，我們不但要講科學的真，也要講道德的善，藝術的美，宗教的神聖，則人類的生活，不但要有與羣體的間接接觸，也要有人與人的直接接觸；不但要有政治意識，也要有道德意識；

不但要講權利，也要講義務；不但要尊重法制，也要本乎良知；不但要講人人一律平等，也要講親疏尊卑之別。生活是多方面的，只要我們能在不同的境況，採取不同的適當態度，則許多似乎是互相矛盾的東西，其實是互相補足，可以並行不悖的。

知識觀

正如余英時先生在《反智論與中國政治傳統》一文中指出，中國文化中的道家和法家，都有反智的傾向，但儒家卻是主智的。先秦儒學，無論孔子、孟子、荀子，以及他們所宣揚的《易》、《詩》、《書》、《禮》、《樂》、《春秋》等六經，都使人的智性有所開展。除潔淨精微的易教、疏通知遠的書教、屬辭比事的春秋教是和智性直接相關之外，即使溫柔敦厚的詩教、恭儉莊敬的禮教、廣博易良的樂教，亦能使人生命條暢，智性昂揚，達至「樂行而志清，禮修而行成，耳目聰明，血氣和平，移風易俗，天下皆寧，美善相樂。」（《荀子‧樂論》）的境地。蓋「姦聲亂色不留聰明，淫樂慝禮不接心術，惰慢邪辟之氣不設於身體，使耳目、鼻口、心知百體皆由順正，以行其義。」（《禮記・樂記》）自然能使人清明在躬，志氣如神，權衡合道，可否中理。

在六經之中，易教尤能培養高度的智性。《周易》是一本憂患之書，也是一本智慧之書，「六十四卦」與「三百八十四爻」所顯示的卦象與爻象，可以看作作易者所假定的人生可能遭遇到的六十四種一般情況和三百八十四種特殊處境。而所謂「卦辭」與「爻辭」，都是作易者根據其人生經驗，對這些卦象與爻象作出的斷語或勸告，以斷說事情的吉凶禍福，並指示我們如何趨時適變，改過遷善。當人自覺到必須用自己的智慧來面對一切憂患時，人在性命交關之際，只能用極端嚴肅的心情去敬謹從事，這時是不能動一點感情，著一點意見，以及帶一點兒浪漫的。所以《禮記・經解》云：「潔淨精微，易教也。」

先秦儒家的知識觀，孔子及荀子最值得重視。孔子自道其為人，只是好學不倦。唐君毅先生謂孔子不但是個偉大的老師，也是個偉大的學生。孔子要我們「博學於文，約之以禮」。在博學的階段中，也包括了審問、慎思與明辨；而約之以禮，則屬於篤行。孔子說「好學近乎知，力行近乎仁。」（《中庸》）孔子的理想，總是要不憂不惑，仁智兼備。他自謂「我非生而知之者，好古敏以求之者也。」（《論語•述而》）在好古敏求之中，孔子不但要多識前言往行，也要多識鳥獸草木之名，他這種學無常師而又無所不學的態度，已為中國開示了一條智性的大道。

荀子在《勸學篇》劈頭說「學不可以已」，和孔子在《論語》劈頭說「學而時習之」，都樹立了重視知識學問的風範。荀子認為人一方面好利，一方面好義，「義與利，人之兩有也。」（《荀子•大略》）但好利不必惡，好義不必善，只有能找到實現義與利的恰當的道，才是善。因此，對荀子而言，善是權衡得宜，可否中理的產物。故曰：「何謂衡？曰道。」（《荀子•解蔽》）又曰：「道者，古今之正權也。」（《荀子•正名》）

然則人如何能得道呢？人要能找到權衡得宜，可否中理的善道，必先學至於全盡，知類明統，把所有有關知識都鋪陳出來，兼權之，熟計之，然後定出欲惡取捨，這樣，我們的欲惡取捨才得其正。荀子認為，人之患，在於偏蔽與淺陋。因為人與生俱來都有種種慾惡取捨之情，而且莫不誠心求達成他的目的，只因迷繆於道，才不能實現他的目的。所以，《荀子‧不苟》篇云：「凡人之患，偏傷之也。見其可欲也，則不慮其可惡也者；見其可利也，則不顧其可害也者。是以動則必陷，為則必辱，是偏傷之患也。」《榮辱》篇又云：「為堯、禹則常安樂，為桀、跖則常危辱，為堯、禹則常愉佚，為工匠農賈則常煩勞，然而人力為此而寡為彼，何也？曰：陋也。……陋也者，天下之公患也，人之大殃大害也。」為了免於偏蔽和淺陋，荀子特有《勸學篇》和《解蔽篇》之作。《勸學篇》要我們學至於全盡，《解蔽篇》教我們有一個虛壹而靜的大清明心，這是荀子重視智性的明證。荀子理想的大人，是「莫形而不見，莫見而不論，莫論而失位，坐於室而見四海，處於今而論久遠，疏觀萬物而知其情，參稽治亂而通其度，經天緯地，而材官萬物，制割大理，而宇宙裏矣。」（《解蔽篇》）的知性人格。可見儒家亦要求以智性的心靈，疏觀萬物，參考治亂，以期達致經天緯地，裁制萬物的目的。這顯然也是一種開放的知識觀。

以上本文從健行不息，生生不已，説開放的天道觀；從盡性知命，身心並重，説開放的人生觀；從成己成物，感通無隔，説開放的倫理觀；從好學不倦，格物窮理説開放的知識觀，目的在説明儒家思想的開放性，自知粗略，謹請賜正。

下篇

儒家思想的橫向對比

一、孔子與墨子

近代以來，西方人以各種方式進入中國，一是為了經濟利益；二是為了宣揚基督教，可見宗教在西方文化中之重要。中國自新文化運動以來，西學東漸之風日盛，國人學習西方，大力提倡科學、民主，但對作為西方文化安身立命所在的基督教卻仍不熱心。這是因為，中國文化的宗教性一向比較淡薄。然而，要學習西方，似乎又少不了宗教。梁啟超先生可能認為中國文化也應該有宗教，於是在諸子百家中找到墨子，認為墨家帶有宗教色彩。墨子雖然也不講前生來世、天堂地獄，但他講天志明鬼、兼愛非攻、上說下教、身體力行。《淮南子‧要略》篇說，墨子原來也學儒者之業，受孔子之術，後來認為儒者「其禮煩擾而不悅，厚葬久喪而貧民，久服傷生而害事，故背周道而用夏政。」

墨子（約前 468—約前 376 年）是墨家開創者，他最稱道夏禹。夏禹治水，櫛風沐雨，歷盡艱苦，三過其門而不入。據《莊子・天下》篇記載：墨家效仿大禹，多以裘褐為衣，以屐蹻為服，日夜不休，以自苦為極，曰：「不能如此，非禹之道也，不足謂墨。」墨子還主張生不歌，死無服，桐棺三寸而無槨，以為法式。莊子評價說「其生也勤，其死也薄」，實在是個很值得佩服的人。有一次，公輸盤為楚國造雲梯，將以攻宋。墨子由齊國行十日十夜，至於楚國郢都，勸止無效，於是墨子解帶為城，以牒為械，作守宋之操演。公輸盤九説攻城之變，墨子九拒之，遂解宋國之危。此外，《呂氏春秋・尚德》還記載，墨家巨子（墨家領袖）孟勝，為楚國陽城君守封地，弟子與之俱死者八十三人。孟勝死前，派兩墨徒傳令田襄子繼任巨子，任務完成後，亦反荊赴義而死，可見墨家的兼愛非攻，確有一種救世的宗教精神。

《墨子》一書，共七十一篇（現存五十三篇），除《非儒》一篇，標明反對儒家外，其餘各篇，從內容來看，也明顯反對儒家思想。儒家以天為不明，以鬼為不神，墨家便著《天志》、《明鬼》；儒家講厚葬久喪，他便著《節用》、《節葬》；儒家講和而不同，他便著《尚同》；儒家講差等之愛，他便著《兼愛》；儒家講性善，他便著《所染》；儒家講知命，他便著《非命》；儒家講樂教，他便著《非樂》，無不針對儒家立言。此外像《備城門》、《備高臨》、《備梯》、《備突》、《備水》、《備穴》、《備蛾傅》等篇，均與儒家異趣。到孟子所處的戰國中葉，竟出現了楊（楊朱，思想家，反對儒家思想，主張為我。）墨之言盈天下，天下不歸楊，則歸墨的局面。孟子認為，楊墨之道不息，則孔子之道不著。他為了維護孔子之道，便高呼「楊氏為我，是無君也；墨氏兼愛，是無父也。無父無君，是禽獸也。」（《孟子‧滕文公下》）孟子將莊子認為「真天下之好，將求之不得」的墨子，痛斥為禽獸，引起了後世不少人對墨子的同情。像倡言要發揚孔子之道統的韓愈，也在他《讀〈墨子〉》一文中寫道：「儒譏墨以尚同、兼愛、尚賢、明鬼，而孔子畏大人，居是邦不非其大夫，《春秋》譏專臣，不『尚同』哉？孔子泛愛親仁，以博施濟眾為聖，不『兼愛』哉？孔子賢賢，以四科進褒弟子，疾歿世而名不稱，不『尚賢』哉？孔子祭如在，譏祭如不祭者，曰：『我祭則受福』，不『明鬼』哉？儒、墨同是堯、舜，同非桀、紂，同修身正心，以治天下國家，奚不相悅如是哉！余以為辯生於末學，各務售其師之說，非二師之道本然也。孔子必用墨子，墨子必用孔子，不相用，不足為孔墨。」韓愈和會儒墨之言，不但不合《淮南子‧要略》篇之言，亦有乖《墨子》「非儒」之旨。他說「辯生於末學，非二師之道本然。」實在值得商榷，以至於唐以後的大儒程頤、朱熹等皆對其說提出質疑。以下我們且就韓愈所提出的尚同、兼愛、尚賢、明鬼四點來說明儒墨之異。

墨學的目的在救世，以興天下之利，除天下之害為目的，並以此為唯一的價值所在。他主張大儉約而優差等，完全是為達到這一目的。儒、墨都求治天下，但墨家所謂治，只是要平亂，所謂興天下之利，除天下之害，只是要治而不亂。從《墨子》一書來看，他所以講「尚同」，是因為「天子唯能壹同天下之義，是以治也。」他所以講「兼愛」，是因為「當察亂何自起？起不相愛……，若使天下兼相愛則治。」他所以講「尚賢」，是因為「國有賢良之士眾，則國家之治厚。」他所以講「明鬼」，是因為「若鬼神之能賞賢而罰暴也。蓋本施之國家，施之萬民，實所以治國家、利萬民之道也。」其餘諸篇，莫不以治國家、利萬民為說，因此荀子批評他尚功用、大儉約而僈差等，是中肯的。說墨子是個尚功用的功利主義者，也並不錯。不過，他所關心的功利，不是個人的功利，而是興天下之利，除天下之害的大功大利而已。

尚同

墨子講尚同，即與上同一的「上同」，是從功利主義、實用主義和權威主義出發的，很有點像抗日時期提倡國家至上、領袖至上的觀點。墨子認為天下之所以亂，是由於大家的價值標準不同，各是其是，各非其非，一人一義，十人十義，結果便產生矛盾衝突。人與人相鬥，國與國相爭，皆由此起。墨子認為要撥亂返治，便要一同天下之義，使天下人的價值標準完全同一，如是，則人與人不相鬥，國與國不相爭，一切禍亂，便完全平息。墨子考察禍亂之所由起，倒是不錯的，但怎樣才能由各是其是，各非其非，一人一義，十人十義的情況，達致一同天下之義，使天下人的價值標準完全同一呢？墨子的辦法是要老百姓「聞善而不善，皆以告其上。上之所是，必皆是之；所非，必皆非之。」（《墨子・尚同上》）如是，百姓必須以其上之里長之是非為是非，里長必須以其上之鄉長之是非為是非，鄉長必須以其上之國君之是非為是非，國君又必須以其上之天子之是非為是非。如是，天下之是非，皆以天子之是非為準，豈不是就沒有爭鬥了嗎？若百姓不與上同一，不以他的上司的是非為是非，那怎辦呢？墨子說：「若聞善而不善，不以告其上；上之所是弗能是，上之所非弗能非；……下比不能上同者，此上之所罰而百姓所毀也。」（《墨子・尚同上》）因此墨子用來達致平治的上同之法，最終的依據是刑罰。墨子說：「上之為政，得下之情則治，不得下之情則亂。」（《墨子・尚同下》）

又說：「古者聖王為五刑，請以治其民，……所以連收天下之百姓不尚同其上者也。」（《墨子‧尚同上》）墨子不但要以刑罰連收天下之不同其上者，對那些聞善與不善不以告其上的人，也一律治罪。「若聞見善，不以告其上；聞見不善，亦不以告其上。……上得則誅罰之，萬民聞則非毀之。」（《墨子‧尚同上》）人民不但不能有自己的是非，而且每個人都對別人有監督及打小報告的責任。因此，墨子的尚同結構，是一個情治單位，其尚同政治，無異於特務政治。墨子用這種高壓手段來撥亂返治，只能達致一池死水，萬馬齊喑的境地。墨子的尚同，根本否定了人是價值主體，否定了人自己的價值判斷。

作為儒家開創者的孔子則講「和而不同」。避世的長沮、桀溺與席不暇暖的孔子不同；弔民伐罪的武王和義不食周粟的伯夷、叔齊不同；其父攘羊，而子證之的直，與父為子隱，子為父隱的直不同……但都不必用嚴刑峻法強求其同。故孔子的政治目的，不是只求如一池死水的治，而是要實現王道，讓老百姓實現種種人生文化的價值理想，完成美好的主體人格。在富之之外，還要教之，使之有溫柔敦厚的詩教；疏通知遠的書教；廣博易良的樂教；恭儉莊敬的禮教；潔淨精微的易教；屬辭比事的春秋教……。儒家雖非楊朱般主張個人主義，也不是墨子般的全體主義，而是在肯定個人的獨立人格後，再由個人的生命主體，與他人、他物相感通，使人相親相愛，故只講和而不講同。孟子說：「是非之心，人皆有之。」（《孟子‧告子上》）怎麼可以否定人的是非之心呢？即使講公是公非，也不能訴諸權威的賞罰，只能訴諸良知理性。墨子抹煞了生命主體的價值，只追求全體社會的治而不亂，這是孔子所不取的。

兼愛

墨子講兼愛，反對孔子的仁愛，認為孔子的仁愛是差等之愛，墨子所講的兼愛，是平等無差別之愛。墨子為甚麼講兼愛呢？墨子說：「聖人以治天下為事者也，不可不察亂之所自起。嘗察亂何自起，起不相愛。……父自愛也，不愛子，故虧子而自利；兄自愛也，不愛弟，故虧弟而自利；

君自愛也，不愛臣，故虧臣而自利。是何也？皆起不相愛。……雖至大夫之相亂家，諸侯之相攻國者亦然：大夫各愛其家，不愛異家，故亂異家以利其家。諸侯各愛其國，不愛異國，故攻異國以利其國。天下之亂物，具此而已矣。」（《墨子‧兼愛上》）若使天下兼相愛，愛人若愛其身，還有不慈不孝，相亂家，相攻國的事嗎？所以墨子說：「兼相愛則治，交相惡則亂。」（《墨子‧兼愛上》）

原來墨子提倡兼愛，並不是說兼愛有本身的價值，只是說兼愛有治天下的價值，有工具價值。墨子的兼愛，不從我們的生命主體出，而是說兼愛是天的意志，天志要我們兼愛，所以我們必須行兼愛，否則便要受天譴。墨子也想說服人，謂兼愛對自己也有利。若人人都能視人之父若其父，則天下為人父者，不是有更多的孝子嗎？若人人都能視人之子若其子，則天下之為人子者，不是有更多的慈親嗎？墨子還說，若你遠行，要將你的子女交託給朋友照顧，而你有兩位朋友，一位是別士，行別愛之道；一位是兼士，行兼愛之道，你一定會選擇委託給兼士，而非別士。因為兼士會像照顧自己的兒女一樣照顧你的兒女，這不是有利嗎？但試想清楚，兼士是像照顧天下人的兒女一樣照顧你的兒女，而別士則在照顧自己的兒女之餘，便會照顧你的兒女，究竟誰對自己的兒女有利呢？墨子除以功利來推行兼愛外，又訴諸人君的權威。他說：「今若夫攻城野戰，殺身為名，此天下百姓之所皆難也。若君悅之，則士眾能為之。」（《墨子‧兼愛中》）兼愛原來是一種很高貴的道德感情，但因為不是基於生命主體，結果只能用天威神權來嚇唬人，或用嚴刑重罰來鞭策人，則人在行兼愛時，究竟是基於懷生畏死、好利惡害的私利，還是基於同情共感、捨己為人的公德呢？

儒家講仁愛，是從我們的道德主體出發的。儒家代表人物之一的孟子（前 372 — 前289 年）以怵惕惻隱為仁之端，他說「今人乍見孺子將入於井，皆有怵惕惻隱之心，非所以內交於孺子之父母也，非所以要譽於鄉黨朋友也，非惡其聲而然也。」（《孟子‧公孫丑上》）怵惕是驚動之貌，惻不是安，隱是傷痛，這都是發自我們生命主體的真情實感，不是基於有甚麼功利的計較和實用的考慮，它是自然流露的，無任何條件的。人的仁愛更不是因為懼怕天威神權、嚴刑重罰，而是由於我們性情中的仁與孺子的生命同情共感，痛癢相關而產生的真情實感。基於這種真情實感，便驅使我們去愛，將人與己打成一片。

儒家將人與己打成一片，不是從天志上説，而是從生命主體上説。墨子的兼愛，對主體而言，只是個應然的命令，不是實然的情感。愛不應只是個普遍的概念，更應是具體的感情。儒家所講的愛，扣緊我們生命主體的真情實感。我們的生命主體是有限的，由有限的生命主體所發出來的真情實感，亦只能是具體的，而不是普遍的，因此只能講差等之愛。我們的生命主體和其他的生命主體，不能沒有親疏遠近之別，所以由我們有限主體發散出去的愛，亦只能由近及遠，親親而仁民，仁民而愛物。一般宗教講平等無差別之愛，這只能是一個普遍的概念，而不是具體的感情。有限的主體是不可能對其他主體作平等無差別的愛的，除非你是無限的上帝。太陽放出來的光與熱看似普及萬物，但由於太陽依然是個有限的主體，它的光與熱，亦不可能對萬物平等無差別，總還是要由近及遠。儒家的仁民愛物，必從孝悌之天性發端，若將父兄與民物一體看待，而談兼愛，恐愛根已薄，無法涵養擴充。兼愛只是知解上認為理當如此，卻未涵養得真情出。故德國哲學家雅士培（Karl•Jaspers，1883 — 1969 年）説：「只愛人類的人，根本就沒有愛，愛這個特殊的人之人，才在愛。」

尚賢

墨子講尚賢，一樣是把尚賢作為治國的手段，而不是對賢者的人格的崇尚。墨子説：「古者聖王之為政，列德而尚賢。雖在農與工肆之人，有能則舉之。高予之爵，重予之祿，任之以事，斷之以令。曰：爵位不高，則民弗敬；蓄祿不厚，則民不信；政令不斷，則民不畏。舉三者授之賢者，非為賢賜也，欲其事之成。」（《墨子•尚賢上》）墨子崇尚賢能，給他們高官厚祿，任事斷令的權柄，目的只是欲其事之成，甚麼事呢？那就是興天下之利，除天下之害的事。因此他尚賢，是把賢者看作成事的工具，這就是工具主義、實用主義的觀點。孔子賢賢易色、見賢思齊，並不是考慮他們的工具價值。伯夷、叔齊，因武王載文王木主伐紂，叩馬而諫，曰：「父死不葬，爰及干戈，可謂孝乎？以臣弒君，可謂仁乎？」（《史記•伯夷列傳》）武王不聽，及天下歸周，伯夷、叔齊義不食周粟，餓死於首陽山。孔子說他們求仁而得仁。嚴子陵為東漢光武帝在太學時同學，及光武得位，嚴子陵寧願在富春江釣魚為生，范仲淹稱述其事曰：「先生之風，山高水長」。伯夷、叔齊與嚴子陵，並沒有在政治上建功立業，儒家稱道他們，並非為了「欲其事之成」。此外，像楚狂接輿、荷蓧丈人等隱逸之士，不事王侯，高尚其志，與孔子不同道，但孔子仍因其賢德而稱道之。

墨子又說：「賢人唯毋得明君而事之，竭四肢之力，以任君之事，終身不倦。若有美善則歸之上。是以美善在上，而所怨謗在下；寧樂在君，憂戚在臣。」（《墨子•尚賢中》）墨子的賢人不能有美善，不能有寧樂，只能承受怨謗與憂戚。則在墨子心目中，賢人和明君的關係是不平等的，不兼愛的，賢人對明君好像是獵狗與主人的關係，完全沒有獨立的人格可言。墨子重全體，不尊重個體人格；重賞罰，不重禮樂教化；重君臣異利，不講君敬臣忠等主張，完全被法家襲取。這和孔子重視個體人格，重視禮樂教化，重視以道事君，是完全不同的。韓愈只見孔墨都有尚賢之名，而不問其所以尚賢之實，這又怎能說「孔子必用墨子，墨子必用孔子，不相用，不足為孔墨」呢？

明鬼

最後我們比較一下孔墨的鬼神觀。孔子在《論語》中談及對鬼神的態度凡三見，一則曰：「未能事人，焉能事鬼」；二則曰：「務民之義，敬鬼神而遠之」；三則曰：「祭如在，祭神如神在，吾不與祭如不祭。」他首先說，必須懂得事奉人，才能懂得事奉鬼神，這彷彿說事人事鬼的道理都是一樣的。因此，他並不是要我們不敬鬼神，而是要我們敬而遠之。怎樣叫做敬而遠之呢？那就是要我們首先從事民眾所應做的事，不可因敬鬼神的事影響了我們日常應該做的事。此即《中庸》所謂「天道遠，人道邇」。輕重先後之間，必不可顛倒。故朱子註這句話說：「專用力於民眾之所宜，而不惑於鬼神之不可知。」鬼神若然不可知，則鬼神是有還是無？存在還是不存在呢？孔子說當我們行祭祀時，鬼神便如在。意思是我們以誠敬去祭祀時，鬼神便洋洋乎如在其上，如在其左右。然則當我們不參加祭祀時，鬼神在不在呢？一般宗教家都認為不論我們行不行祭祀，鬼神都是客觀存在的，無所謂「祭如在」。而且孔子所謂「如在」，是真實地存在？還是好像存在呢？似乎也不確定。即使孔子說鬼神如在，鬼神也不對人行賞罰。所謂「聿修厥德，自求多福」，人生的吉凶禍福，只能自求，不能求神，福和德必須是一致的，若一味求神而不修德，神亦不可能違反道德原則賜福給你，此所謂「鬼神非人實親，惟德是依。」（《左傳•僖公五年》）鬼神之行事，要依於德，也依於人，這是從周初人文精神興起以來即有的思想。因此，孔子說「祭如在」，和一般宗教家的態度實在有異。

墨子對儒家的鬼神觀批評得非常激烈，他一則說：「儒以天為不明，以鬼為不神，天、鬼不悅，此足以喪天下。」再則曰：「（儒者）執無鬼而學祭禮，是猶無客而行客禮也。」（《墨子•公孟》）由於儒家的天、鬼，依人而行，唯德是依，不行賞罰，不但是不神不明，而且置鬼神的存在於迷離彷彿之中，所以墨子認為儒家是主張無鬼的，但既不肯定鬼神的客觀存在，又要人學習祭祀鬼神，便和家中沒有客人卻行客禮一樣荒謬。

墨子講天志明鬼，是從工具主義、實用主義着眼的。他要人相信鬼神有客觀存在，能賞賢罰暴，才能輔助政教，達致治天下的目的。墨子說：「民之為淫暴寇亂盜賊，以兵刃、毒藥、水火，退無罪人乎道路率徑，奪人車馬、衣裘以自利者，並作，由此始，是以天下亂。此其故何以然也？則皆以疑惑鬼神之有與無之別，不明乎鬼神之能賞賢而罰暴也。今若使天下之人，偕若信鬼神之能賞賢而罰暴也，則夫天下豈亂哉！」（《墨子・明鬼下》）可見墨子講天志、明鬼，神道設教，完全是為了治天下的目的。

然則，孔子的鬼神觀究竟是怎樣的呢？孔子沒有肯定鬼神的客觀存在，那是對的。那麼他所謂「祭如在」是怎樣一種存在呢？原來儒家祭祀鬼神的根據，不在鬼神有客觀的存在，而在我們對所祭者有一番真實的感恩戴德、知恩報德的道德感情。為了表達我們內在的道德感情，才制為客觀的祭祀形式。因此，《荀子‧禮論》篇說：「祭者，志意思慕之情也，忠信愛敬之至矣，禮節文貌之盛矣。苟非聖人，莫之能知也。聖人明知之，士君子安行之，官人以為守，百姓以成俗，其在君子以為人道也，其在百姓以為鬼事也。」可見，儒家為了表達我們志意思慕之情，忠信愛敬之心，才制為禮節文貌之盛的祭祀典禮。故祭祀的根據，不在於鬼神的客觀存在，而在於我們的思慕之情，愛敬之心。我們有甚麼思慕之情，愛敬之心呢？人所思慕愛敬的，是對我們有恩德的。甚麼對我們最有恩德呢？首先是生養萬物的天地。天地是生之本，先祖是類之本，聖賢是教之本，這些都是對我們有大恩大德，思慕不能忘，愛敬不能已的。因此儒家的祭禮，主要對象就是天地君親師。古人政教合一，君聖合一，祭君，就等如祭聖，今天我們可以改為天地聖親師。祭天地是為了報本反始，祭先祖是為了追養繼孝，祭聖賢是為了崇德報功，都是為了報答，而不是為了祈求。一般宗教行祭祀都是對鬼神祈求，儒家的祭祀只是對我們的所祭者報恩。這完全是為了表達我們感恩戴德的道德感情，這道德感情是真實的，則祭祀的禮文也是真實的。墨子批評儒家行祭禮等於無客而行客禮，是由於他不了解儒家的祭祀是為了報答而不是為了祈求，為了表達內在的道德感情，而不是呼求客觀的神祇。故祭祀是對我們道德感情的一種文飾，而不是事奉鬼神。在日月食的時候，我們舉行救禮；天旱時，我們舉行雩祭；決大事而問卜，都是對我們焦急疑慮的心情的一種文飾，是在無可奈何時的一種感情宣洩，而不是對神靈有所祈求。因此《荀子・天論》篇說：「日月食而救之，天旱而雩，卜筮然後決大事，非以為得求也，以文之也。故君子以為文，百姓以為神，以為文則吉，以為神則凶。」儒家的祭祀，沒有任何迷信成分，所以不會導致任何凶禍。

孔子說「祭如在」，究竟怎樣行祭祀，鬼神才如在呢？祭祀既然是基於我們對所祭者的志意思慕之情、忠信愛敬之心，則我們要與鬼神相交，便必須以誠敬行祭祀。所謂「誠則有之，不誠無物」。為了達致誠敬，在祭祀之先，必須齋戒沐浴，心不苟慮，必依於道；身不苟動，必依於禮，然後思念所祭者生平的笑語、意志、所樂、所嗜，當我們精誠地思慕以後，祭之日，「僾然必有見乎其位，週還出户，肅然必有聞乎其容聲，出户而聽，愾然必有聞乎其歎息之聲。」（《禮記‧祭義》）此所謂洋洋乎如在其上，如在其左右。音容宛在，懿範猶存。孔子所謂鬼神的如在，就是從我們主觀誠敬的思慕中顯現出來的。故《禮記》一則曰：「夫祭非物自外至，自中出生於心者也。」再則曰：「祭祀之禮，主人自盡焉爾。豈知神之所饗也，亦主人有齋敬之心也。」鬼神之為物，不自外至，自中出生於心，則我們祭祀時所用的祭品，究竟有沒有鬼神來饗用，我們是不曉得的。主要是表示我們對鬼神有齋敬之心就是了。孔子這種人文精神的鬼神觀，實在不容易了解，墨子出於誤會而作出抨擊，便難怪了。

儒家的祭禮，雖然是一種感恩戴德的道德行為，但一般的道德行為，只限於世俗，而儒家的祭祀，是報本反始，追養繼孝，崇德報功，都是通幽明之際，通天人之際的，這便具有一種超現實的宗教感情。相反，墨子講天志明鬼，是只有理智而沒有感情的，天、鬼對他只有工具價值。他自己對鬼神的客觀存在，也未必信得過。儒家為了文飾安慰死者家人的哀傷之情，替死者行招魂的復禮，希望死者魂兮歸來，死而復生。但講有鬼的墨子，卻批評儒家替人行復禮是「憨愚甚矣，……偽亦大矣。」（《墨子・非儒》）可見墨子並不真相信人死有鬼。又魯祝以一豚祭，而求百福於鬼神，墨子亦以為不可，因為不可以施人薄而望人厚。其實，一切宗教的祈求，都是施人簿而望人厚的祈求。作為宗教主的墨子，怎麼說「古者聖王事鬼神，祭而已矣」呢？（《墨子・魯問》）雖然祭祀不祈，是儒家的態度，但講尊天事鬼的墨子，怎麼也不許人對鬼神有所祈求呢？最值得懷疑的一點，是墨子對鬼神的誠亡誠有，亦猶疑不定，他怎麼卻去批評儒家「執無鬼而學祭禮呢？」墨子說：「今潔為酒醴粢盛，以敬慎祭祀，若使鬼神誠有，是得其父母姒兄而飲食之也，豈非厚利哉！若使鬼神誠亡，是乃費其所為酒醴粢盛之財耳。且夫費之，非特注之污壑而棄之也，內者宗族，外者鄉里，皆得如具飲食之；雖使鬼神誠亡，此猶可以合歡聚眾，取親於鄉里。」（《墨子・明鬼下》）據此可見，墨子沒有肯定鬼神是真有還是真無。不過他認為不管鬼神有無，用酒醴粢盛行祭祀，都是不錯。若鬼神真有，鬼神便能享用祭品，這固然好；即使鬼神真無，那些祭品也可以用來合歡聚眾，取親於鄉里，一點也不會浪費。這種觀點，和儒家「祭祀之禮，主人自盡焉爾，豈知神之所饗也」的態度是完全一樣的，既然墨子也不肯定鬼神的真實存在，只用「若使誠有」和「若使誠亡」的疑似說話來論謂鬼神，則他有甚麼理由反對儒家，又有甚麼理由去宣揚天志、明鬼呢？

墨子講天志、明鬼，並非出於宗教的虔誠，只是他為達致治天下的手段。他說入人之國，必擇務而從事，看見人家的國家淫僻無禮，才和他講尊天事鬼。尊天事鬼是他治天下的眾務之一而已。他有時和人家講尊天事鬼；有時和人家講兼愛非攻；有時又和人家講尚賢尚同……，反正尊天事鬼不是他不可選擇的神聖職責，只是眾多辦法中的一個選項。試問作為一個教主，怎麼可以把尊天事鬼作為可有可無的手段呢？可見，墨子對天鬼的信念是不真誠的，他決不可能是個宗教主，章太炎、梁啟超、胡適之把他看成一個宗教主或小基督，實在很值得商榷。反之，孔子雖不說天、鬼神靈顯赫，可以賞善罰惡，但出於報本反始、追養繼孝、崇德報功的道德感情的祭天、祀孔、祭祖，都是有一番虔敬的宗教感情的。

二、儒家與道家

天地萬物，孤陰不生，獨陽不長，《周易》雖有純陽、純陰的乾、坤之卦，但按王船山所言，作「易」者是乾坤並建，故五行萬物，皆負陰抱陽。乾陽之氣剛健，坤陰之氣柔順，剛健與柔順，都是中華傳統文化中兩大美德。

中國古代有三部卜筮之書，即《連山》、《歸藏》與《周易》。據說《連山》是夏代的卜筮之書，以艮卦為首，詳情不可考。《歸藏》、《周易》大約形成於殷周之際，皆以乾、坤兩卦為基礎，形成六十四卦系列。但兩書有一個重要的不同，即《歸藏》重坤，以坤為首，其次為乾。《禮記・禮運》記孔子說「我欲觀殷道，是故之宋，而不足徵也，吾得坤、乾焉。」孔子在殷所見是坤、乾而非乾、坤，據說即《歸藏》。《周易》六十四卦排列的次序是以乾卦為首，坤卦次之。孔子之教重剛健，受《周易》影響深，老子之教重柔順，受《歸藏》影響深。中國哲學始終離不開儒，也離不開道，其根本原因是陰、陽都是太極的組成部分，失其一，便不成其為「一陰一陽之謂道」的「道」。孔子扶陽抑陰，剛健中正，綱維三才，主張皇極。老子主柔賓剛，取牝取雌，取後取虛，取母之食，取水之下，其體用皆出於陰。

有學者說，孔子及儒家學說是父系氏族社會文化的昇華。而老子及道家學說，是母系氏族社會文化的昇華，脱胎於母系氏族社會對女性生殖崇拜，故喜言玄牝之門、天地之母及處無為之事，行不言之教。他的烏托邦是要回歸純樸無私的原始社會。儒家所嚮往的堯舜時代，大致是父系氏族社會時期。當時氏族聯合為部落，部落之間又有聯盟，規模較大，容易發生部落之間的戰爭。由父權制社會發展出宗法等級和私有制度，已顯露出種種社會問題。但由於距離母系氏族社會不遠，故堯舜時代仍保留着不少純樸無私的古風。所以，孔子總想回到堯舜時代那種天下為公、協和萬邦、四海之內皆兄弟的理想社會。

儒、道有着不同的天道觀。一般而言，儒家觀生、老子觀復、莊子觀化。儒家認為天道大化流行，生生不息，凡生都是新生，若都是陳舊的，就不叫生。故《大學》云：「苟日新，又日新，日日新。」生生不已，就是新而又新，不斷地創造。《周易》曰：「富有之謂大業，日新之謂盛德。」天道之盛德大業，就顯示在富有日新上。惟有日新，才能富有。但有新生，必有代謝，天地間有許多事物由無而有，亦必由有復歸於無。因此，老子不重開新和創生，他認為枝繁葉茂、花果纍纍的萬物，最後終必歸為塵土，復返其根。所以他不觀生而觀復，《道德經》曰：「夫物芸芸，各歸其根。歸根曰靜，靜曰復命，復命曰常。」「致虛極，守靜篤，萬物並作，吾以觀其復。」老子認為有生於無，又復歸於無，所以老子不但以「無」為用，亦以「無」為體。「無」是虛靜素樸、無欲無為的意思，故必須致虛守靜，見素抱樸，少私寡欲，無為無造。

孔子與老子

作為五千言《道德經》作者的老子，生活在春秋時期，無論在孔子前抑或在孔子後，他們所面對的時代問題，都是周代所建構的禮樂制度趨於崩壞。古人認為夏尚質，周尚文。文是對質而言，是在質樸之上所加之文飾。比方衣食之本質原為了溫飽，但人類文明，衣不但求溫，也求輕便美觀；食不但求飽，也求色香味俱全，此之謂文。當這些文飾過分或過時，便成虛文。周代的禮樂制度，原是要實現我們的價值理想的，但時移世易，這些禮樂制度不但不能實現我們的價值理想，反而成為生命的束縛與負累，則這些禮樂制度，便成為虛文。孔、老所面對的時代，就是這樣一個周文疲弊的時代。

面對這樣一個時代，應怎樣應付呢？孔子的辦法是要重新喚起我們的價值主體，要一切禮文的客觀形式，都要能實現我們生命主體的價值理想。不能只有客觀的形式而沒有主觀的內容，但也不能因噎廢食，因為某些客觀形式不能實現我們的主觀內容便否定一切客觀形式的價值。孔子認為我們生命的價值主體就是仁，因此禮樂制度，必須與仁相結合，故曰：「人而不仁，如禮何？人而不仁，如樂何。」（《論語•八佾》）又曰：「禮云禮云，玉帛云乎哉，樂云樂云，鐘鼓云乎哉。」（《論語•陽貨》）孔子是要我們忠信以為質，而文之以禮樂。通過我們價值主體的內容，重新肯定周文的客觀形式的價值。所以說：「質勝文則野，文勝質則史，文質彬彬，然後君子。」（《論語•雍也》）

老子則不然，他認為一切禮樂制度等客觀形式，都是殘生傷性的虛文。正如絡馬首、穿牛鼻一樣。因為一切外在的形式，不可能和我們內在的理想完全吻合，就其不能與主觀理想相吻合的地方，便是一種拘束和負累，要使生命獲致最大的自由，便要返樸歸真，清靜無為，去盡人偽，復返自然。故老子和荀子正相反，荀子以人為之偽為善，老子則以人為之偽為惡。荀子希聖希智，蹈仁行義。老子則要絕聖棄智，絕仁棄義。荀子要積學至於全盡，謂「學不可以已」，老子則以「為學日益」為戒，主張絕學無憂。儒家的理想國是要盡倫盡制，以人文化成天下。老子的烏托邦則只是小國寡民之治，「使民復結繩而用之。甘其食，美其服，安其居，樂其俗。鄰國相望，雞犬之聲相聞，民至老死不相往來。」（《道德經》第八十）老子云：「天下萬物生於有，有生於無。」怎樣叫做有生於無呢？天地間是不是真會無中生有呢？其實老子所謂「無」，不是「有」的否定，老子云：「有之以為利，無之以為用。」所謂「有」，是指目的之利；所謂「無」，是指手段之用。所謂有生於無，只是說一切有之利，都用無的方法手段達到。所謂無的方法手段，是從有之利的反面去着手。故曰：「反者道之動，弱者道之用，天下萬物生於有，有生於無。」（《道德經》第四十）老子所謂無，是指反者、弱者而言。知其雄，守其雌；知其白，守其辱；柔勝剛，弱勝強；高者抑之，低者舉之；有餘者損之，不足者補之；人皆取先，己獨取後；人皆取實，己獨取虛。雄、白、剛、強，高者，有餘者，先，實，都是人所追求的有之利。但要達到這些目的，必須通過反面的手段。故知道雄之利，便要守其反面的雌；知道白的利，便要守其反面的辱。要先，便要取後，要實便要取虛。因為你自高，便會受抑，自居有餘，便會受損，故你欲達高舉，便要處下，欲有所補益，便要不足。這就是以無為用，也就是無為。所以老子的無為，不是不為，而是一種為的方式。老子所謂無，不是有的否定，而是達致有之利的一種反面方法。能用這種方法去為，便是為無為。成就難事、大事，是有之利，但無為的方法便是從反面的易事、細事着手。故老子云：「為無為，事無事，味無味。……圖難於其易，為大於其細。天下難事，必作於易；天下大事，必作於細。是以聖人終不為大，故能成其大。」（《道德經》第六十三）原來老子的無為，只是為無為，老子的無事，只是事無事，若真的無為無事，怎樣能產生有之利呢？

史稱老子是個史官，歷記成敗、存亡、禍福的古今之道。因此老子所謂無為之道，是一種事物變化的自然規律。「為無為」就是依循那些成而不敗，存而不亡，福而不禍的規律去為。一般人以為老子講自然，是要順自然，自然有成敗、存亡、禍福，難道老子也任之順之嗎？決不。老子是要達到有之利的，他要成而不敗，存而不亡，福而不禍。有人讀老子「禍兮福所倚，福兮禍所伏」的話，便以為老子説禍福都是相對的，福必然地、自然辯證地發展為禍，禍也必然地、自然辯証地發展為福。這種理解，實在是一大誤會。老子説「金玉滿堂，莫之能守，富貴而驕，自遺其咎。」（《道德經》第九）不是説富貴必然會自遺其咎，只是説富貴而驕，才會自遺其咎。倘使你能富而不驕，便和生而不有、為而不恃、功成而不居一樣，符合反者道之動，弱者道之用的無為原則，你便可以長守富貴。同樣，倘使你享福時，依然能居安思危，戒慎恐懼，不存驕矜自滿之心，彷彿仍處於禍患之中，則你便可以永在「禍兮福所倚」的心境中，而不會變成「福兮禍所伏」的結果。所謂殷憂啟聖、多難興邦，通過為無為的動用方式，人便可以金玉滿堂，長守富貴。這才是老子無為而無不為的意旨。若一切都自然辯證，人事的修為完全不能改變事物的發展的話，老子為甚麼還要我們致虛守靜，講許多道理呢？因此，老子的無為，不是不為，而是為無為。老子的自然，也不是順自然，而是法自然，不是順自然的變化，而是法自然的規律，是法自然的規律以成其私。

老子的無為，非不為；老子的自然，非放任，因此老子的政治思想還是很堅定的，他說不尚賢，不貴難得之貨，不見可欲，都很明顯是對事物的發展有所禁制。他要絕聖棄智、絕仁棄義、絕巧棄利、絕學無憂，也是很激烈的。若事物的發展違背了他的理想，他便要加以鎮壓，故曰：「道常無為而無不為，侯王若能守，萬物將自化。化而欲作，吾將鎮之以無名之樸。無名之樸，夫亦將無欲，不欲以靜，天下將自定。」（《道德經》第三十七）老子是想我無為而民自化，讓老百姓自然回復到無知無欲的純樸境界。但老百姓的自由演變，有時會有所興作，以致欲望萌生，奇物滋起，那講無為而治的老子，便要加以鎮壓。用甚麼鎮壓呢？還是用無名之樸。「樸」本意是指原始質樸的木材，老子是要用原始的質樸風尚去鎮壓，使他們回復到無知無欲的靜定狀態。

古人解老子，魏源（1794 — 1857 年）獨具慧眼。在其所著《老子本義》中，他說聖人之書，是經世之書；老子之書，是救世之書。老子從虛極靜篤中觀萬物之變，而得其體之至嚴至密者以為本。故欲靜不欲躁，欲重不欲輕，欲嗇不欲豐。認為容勝苛，要勝煩，柔勝剛，牝勝牡。欲上先下，知雄守雌，外其身而身存，無私故能成其私，所謂反者道之動，弱者道之用。夫是之謂自然也，豈晃蕩為自然乎？老子之無為自然志在救世，佛家講緣生性空，志在出世，故魏源總結説：「老明生而釋明死，老用世而佛出世，老中國上古之道，而佛六合以外之教也。」中華文明，無論儒家或道家，都肯定一個真實的天道。儒家認為乾坤不息，道家認為天長地久，一切的終極關懷，都在這個天道之中。基督教有世界末日，佛教講萬法唯識，一個觀終，一個觀空，都不肯定世界的真實。相反，聖人經世，老子救世，一心都在這個世界，這是儒、道相同的地方。

老子以圖難於其易，為大於其細屬無為；以生而不有，為而不恃，功成而不居屬無為；以不自見，不自恃，不自伐，不自矜屬無為。和孔子要行遠自邇，登高自卑；毋伐善，毋施勞；滿招損，謙受益；居安思危，生於憂患的意思是相通的。而且孔子也講無為而治，不過孔子所講的無為而治，不是老子所講的道治，而是德治。德治是以德化民，以身作則的治道。在上者若能以德化民，以身作則，老百姓自會不令而從，所謂「赫赫師尹，民具爾瞻」（《詩・小雅・節南山》）、「君子之德風，小人之德草，草上之風必偃。」（《論語・顏淵》）、「自天子以至於庶人，壹是皆以修身為本。」（《大學》）因此用不着疾言厲色，嚴刑峻法。《中庸》云：「詩云：『予懷明德，不大聲以色。』子曰：『聲色之於化民，末也。德輶如毛，毛猶有倫。上天之載，無聲無臭，至矣。』」輶是輕的意思，輕如毛髮，猶有比類。以德化民，則不動而敬，不言而信，不賞而民勸，不怒而民畏，一切都在無聲息中潛移默化，這是孔子心嚮往之的至治境界。不過，孔子的治道，不是要達到「不欲以靜，天下將自定」的靜定目的便算，還要使老百姓實現種種價值理想，完成完美的人格。這和老子只求天下之靜定，不惜老百姓無知無欲，實在不可同日而語。

以上我們說老子之無為，是為無為；老子的自然，是法自然；老子終不為大，乃要成其大；無私，乃要成其私，故對人生有其積極一面。孔子和莊子都有知命安命，保生盡年的思想，但老子認為人只要講求養生衛生，是可以長生久視的。後來道教要人煉精化氣、煉氣化神、煉神還虛，便可以成仙，這確和老子無為而無不為，法自然而成其私的思想有密切的關係。

孔子與莊子

莊子（約前 369 — 前 286 年）和老子，雖然同屬道家，但據《莊子・天下》篇所述，老莊的學術淵源和旨趣，都各有不同。老子在變化無常的天道中，要知「常」，莊子在變化無常的天道中，要知「化」。《天下篇》説老子要建之以常無有。有之以為利，無之以為用，天下萬物生於有，有生於無，這是自然規律，也就是常。知道事物變化的自然規律，就是知常。知常才能明，明智處事，才能趨吉避凶。故曰：「不知常，妄作凶，知常容，容乃公。」（《道德經》第十六）《天下篇》説莊子對芴漠無形、變化無常的天道，是無所去取，無所之適的，不像老子對天地萬物，有所持守，有所去取。而是「芒乎何之，忽乎何適，萬物畢羅，莫足以歸。」莊子認為天地萬物都是一氣之化，鯤可以化為鵬，莊周可以化為蝴蝶，臭腐可以化為神奇，神奇亦可以化為臭腐。人生的際遇，窮達、貧富、毀譽、成敗、死生、存亡都是事之變，命之行。人只能安無可奈何之命，以死生為一條，以存亡為一體，在氣化的宇宙中，恢詭譎怪，道通為一，便沒有甚麼好別擇去取的。因此莊子所嚮往的，不是為無為，而是真正的虛靜無為，對天地萬物就好像對大而無用的樗樹一樣，不必計較這木材可以造成怎樣的器物，能夠「樹之於無何有之鄉，廣漠之野，彷徨乎無為其側，逍遙乎寢臥其下。」（《莊子・逍遙遊》）就已經很好了。因此莊子的理想，不要以無為取天下，也不要無為而無不為，只是要獨與天地精神相往來，上與造物者遊，而下與外死生無終始者為友。老子是要以無為用，莊子是要乘化遊心；老子要知常，莊子要知化；老子講用，莊子講遊；兩人的旨趣，確實有很大分別。

莊子是個世外高人，他不事王侯，高尚其志，總要從世俗的負累中超脫出來。儒家的人生態度，也不是熱衷於功名富貴。他也可以用之則行，捨之則藏。窮則獨善其身，達則兼濟天下。得志則澤加於民，不得志則獨行其是。孔子是聖之時者，可以仕則仕，可以止則止，可以久則久，可以速則速。他雖然不贊成長沮、桀溺，荷蓧丈人等隱者的行徑，但亦不加非議，只是道不同，各行其是而已。《莊子》書中，亦每每稱道顏淵與孔子，可見他們也有可以互相欣賞的地方。然而，莊子與天地精神相往來的境界，與仁者與天地萬物為一體的境界是不同的。孔子的生命，是人己通而為一，與天地萬物通而為一的。孔子對民物是有承擔的，因此有終身之憂。張載所謂「為天地立心，為生民立命，為往聖繼絕學，為萬世開太平。」就是儒者的終身之憂。莊子是要人相忘於道術，如魚相忘於江湖，不為物累，遺世獨立。他只追求個人的逍遙遊，乘物遊心，乘化遊心，他始終是個個人主義者。而孔子的生命，不是只關心個人而不關心社會，也不是只關心社會而不關心個人，而是要立己立人，達己達人，在關心個人的同時，必須關懷社會。而對社會的關懷，即基於我們的感通之仁。人不能只有客體而沒有主體，也不能只有主體而沒有客體，墨家只重客體，貴義而不貴生，因其義自天出，故不貴重主體生命，而只重社會客體。道家只重主體，道家雖貴生，但都偏重個人的自然生命。儒家雖亦貴生，但當生與義不可得兼時，寧願捨生取義。其生命已由自然生命昇華為道德生命，故逃墨必歸於楊，逃楊必歸於儒，惟有儒家能使生命通於羣己，在成全個體的同時，亦成全社會。

由於儒道兩家都在中國文化土壤中孕育出來，兩者同中有異，異中有同，可以互補的地方亦很多。故先秦時，老莊雖排擠儒學，但先秦以後，如楊雄、王充等，則兼修儒道。《淮南子》以老莊為基礎，博採儒、法、陰陽，宣揚以仁為經，以義為紀，以禮樂化民成俗。魏晉玄學，不但以孔子為聖人，且言老不及聖。王弼、郭象，皆扶持名教。宋明理學，又受道家影響。故越到後期，互滲性越強。中國社會長期穩定發展，固有賴儒家綱常名教的扶持，亦得益於道家對社會矛盾的調節。中國士大夫，每當懷着救世的熱忱，積極進取時，都是儒家的信徒。每當懷才受謗，憂讒畏譏時，又會回到道家那裏求慰藉。故在人生道路上雖有許多挫折，仍能和緩矛盾，減少震動，這正是儒家的陽剛之德與道家陰柔之德互濟的好處。

牟鐘鑒先生在〈道家學說概觀〉一文中謂：儒道兩家，都講天人合德，主張和平，反對暴力、掠奪和戰爭。但是一般而言，儒家的理想人格是君子聖賢，其氣象為剛健中正、堅貞弘毅、仁慈親和、謙恭有禮、以權行經、情理俱得、從容中道、和而不同。一切所謂儒士、儒臣、儒將、儒醫，其道德學問皆可稱道，有儒雅之風。道家的理想人格是真人至人，其氣象為涵虛脱俗、超然物外、高尚其志、不事王侯、少私寡慾、清靜自守、泥途軒冕、虛懷若谷、質樸無華。一般隱逸之士，多寓情山水，瀟灑出塵，忘懷世間的名利得失，對顛倒於名韁利鎖中的人而言，不啻為一清涼劑。

三、儒家與法家

周王朝自幽王（前 877 — 前 841 年）、厲王（前 781 — 前 771 年）以後，諸侯專征、大夫擅政，舊秩序已逐漸解體。但齊桓（齊桓公，前 685 — 前 643 年）、晉文（晉文公，前 636 — 前 628 年）的霸業，仍須假藉尊王攘夷的名義。及至周威烈王二十三年（前 403 年），周王室承認晉國大夫魏斯、趙籍、韓虔為諸侯，史稱「三家分晉」，周室賴以維持殘局的名分亦不能守，此後天下即以智力相雄長，進入戰國紛爭之局。戰國之世，諸侯內有篡弒，外務兼併，有國者若不能發奮圖強，內絕姦情，外拒強敵，則必不能容身於此歷史大勢之中。故列國君主，逐漸放棄仁政、義政、德治、道治，而轉重講求急功近利、富國強兵的法治。

先秦諸子中，儒、道、墨、法皆言治道，其中儒、道、墨均在現實政治之上，有一超現實的理想。唯獨法家，完全着眼於赤裸裸的權力鬥爭。法家可以商鞅（約前 390 — 前 338 年）和韓非（約前 280 — 前 233 年）為代表，商鞅有《商君書》傳世，韓非有《韓非子》傳世，以下我們且以他們兩人的思想和儒家的思想作比較。

法家尚武力

法家無論商鞅或韓非，認為歷史發展到當時，既不必尚德，也不必尚智，一切崇尚武力便可。商鞅說：「上世親親而愛私，中世上賢而悅仁，下世貴貴而尊官。」（《商君書・開塞》）韓非說：「上古競於道德，中世逐於智謀，當今爭於氣力。」（《韓非子・五蠹》）他們認為人民樸厚便可以尚德，愚蠢便可以用智，到了世人皆用智，便只有用力才可以王天下。

人主要用氣力爭天下，便要富國強兵。農可使國富，戰可使兵強，因此法家重農重戰。孔子也講治國要足食足兵，但並不是要動員一切力量於農戰。商、韓重農重戰，是把農戰和其他人生文化對立起來，凡從事其他人生文化，都在禁止之列。商鞅在《商君書・農戰》篇說：「農戰之民千人，而有詩書辯慧者一人焉，千人者皆怠於農戰矣。農戰之民百人，而有技藝者一人焉，百人者皆怠於農戰矣。國待農戰而安，主待農戰而尊。」在《商君書・墾令》篇中，商鞅為了達到除草開荒的目的，禁止僱用傭工，禁止伎樂藝人到各處表演。為壓制商販活動，使商無得糴，農無得糶，廢逆旅，使辟淫遊惰之民皆無食住。賤學問，使博聞辯慧之事，皆無得為。韓非亦說：「博習辯智如孔、墨，孔、墨不耕耨，則國何得焉？修孝寡欲如曾（曾參）、史（史魚），曾、史不戰攻，則國何利焉？」（《韓非子・八説》）除儒、墨之外，道家恬淡隱逸之士，亦在清除之列。所謂「恬淡，無用之教也；恍惚，無法之言也。」（《韓非子・忠孝》）「勢不足以化則除之」（《韓非子・外儲説右上》）儒以文亂法，韓非便主張無書簡之文，以法為教，無先王之語，以吏為師。俠以武犯禁，韓非便主張無私劍之悍，以斬首為勇。韓非是極端的功利主義者，對言耕的商、管之法，言兵的孫、吳之書，亦要禁止。因言耕而不執耒，言戰而不被甲，不是真正的農戰之士。法家的明主，對老百姓只是「用其力不聽其言；賞其功，必禁無用。」（《韓非子‧五蠹》）

法家重刑賞

法家禁絕一切文化活動，要總動員於農戰，所憑藉的，就是嚴刑峻法。韓非說：「賞罰使天下必行之，令曰：『中程者賞，弗中程者誅。』令朝至暮變，暮至朝變，十日而海內畢矣。」（《韓非子‧難一》）又曰：「彼之善者我能以為卿相，彼不善者我得以斬其首，何故而不治！」（《韓非子‧內儲說上七術》）

法家為甚麼這樣倚重刑賞呢？何以重用刑賞，便能使百姓從事耕戰呢？韓非說：「凡治天下必因人情，人情者，有好惡，故賞罰可用。賞罰可用，則禁令可立，而治道畢矣。」（《韓非子‧八經》）法家的治道很簡單，那就是用賞罰。賞罰為甚麼能令則行，禁則止呢？因為人情有必然的好惡。人情必然的好惡是甚麼呢？那就是懷生畏死，好利惡害的動物性。商鞅說：「人情好爵祿而惡刑罰，人君設二者以御民志，而立所欲焉。」（《商君書．錯法》）韓非說：「夫安利者就之，危害者去之，此人之情也。」（《韓非子．劫姦弒臣》）人情既然有必然的好惡，人君便可以憑藉權勢，設爵祿與刑罰去駕馭他們。人民努力耕戰，便得賞，否則便得罰。雖然農是民之所苦，戰是民之所危，農戰都是他們所憎惡的，但不農不戰，則不能得爵祿，甚至會得刑罰，則老百姓只好守法聽令，從事耕戰。這就是法家所謂治天下必因人情。法家的因人情，不是要順人情之好惡，而好民之所好，惡民之所惡。相反，法家是要老百姓好其所惡，惡其所好。因此商鞅說：「政作民之所惡，民弱；政作民之所樂，民強，民弱國強，民強國弱。」（《商君書．弱民》）法家只要民弱國強而不要民強國弱，所以他們的施政，是要作民之所惡，而不要作民之所樂。儒家的施政，是要民之所好好之，民之所惡惡之。法家則要好人之所惡，惡人之所好。這完全是違反人性的。法家了解人情之好惡，目的是要駕御民志。法家視人性如物理，是可以被人君完全駕馭控制的。所以商鞅說：「聖人見本然之政，知必然之理，故其制民也，如以高下制水，如以燥濕制火。故曰：仁者能仁於人，而不能使人仁；義者能愛於人，而不能使人愛。是以知仁義之不足以治天下也。」（《商君書‧畫策》）

韓非是戰國末期儒家傳人荀子（約前 313 — 前 238 年）的學生，荀子雖著有《性惡》篇，但他認為人都有欲善好義之性，只是欲善並未善，好義並未義而已。善的實現要靠後天人為的努力，故他實際上只是善偽論者。至於韓非，則完全是個性惡論者。他所理解的人性都是懷生畏死、好利惡害，沒有任何高尚的情操。他認為君臣之交，都在計算利害，無所謂君仁臣忠。父母之於子女，亦是慮其後便，計之長利，無所謂父慈子孝。夫婦之間，亦只講勢利，不講情義。故治國決不能寄望臣下的忠心，必須緊握權勢，知必然之理，必為之時勢，行必治之政，戰必勇之民，行必聽之令。一切操之在我，自恃而不恃人。故法家言治，不恃人不叛我，恃我不可叛；不恃人不欺我，恃我不可欺；不恃人愛我，恃人不得不愛我，這是法家尚勢不尚賢，尚力不尚德的原因。儒道兩家則不然。孔子說：「志士仁人，無求生以害仁，有殺身以成仁。」（《論語•衛靈公》）孟子說：「生我所欲也，義亦我所欲也，二者不可得兼，捨生而取義者也。」（《孟子•告子上》）荀子說：「人之所欲，生甚矣；人之所惡，死甚矣。然而人有從生成死者，非不欲生而欲死也，不可以生而可以死也。」（《荀子•正名》）老子也說：「民不畏死，奈何以死懼之。」（《道德經》第七十四）一般道家人物，都不事王侯，高尚其志，無上之名，無君之祿，賞之不勸，罰之不畏。他們都是泥途軒冕，那些名韁利鎖是籠絡不住他們的。

清末以來，國人飽受列強侵凌，除震懾於他們的船堅炮利外，對他們所實行的民主法治，亦頗為欽羨。因此，對儒家主張的仁政德治，攻擊不遺餘力；對法家所推行以富國強兵為目的的法治，宣揚不遺餘力，認為法家的政治思想，才是中國今後應走的道路。近代學者朱師轍（1878—

1969年）在其所著《商君書解詁定本》初印本《自序》中說：「鞅之言曰：『有道之國，治不聽君，民不從官。』蓋其立法之旨，實君民同立於軌物，上下胥以法律為衡，非獨官吏弗能行其私，人主亦弗得肆其志。」朱師轍認為商鞅的法治是將君民上下同受法律所規範，人民不必聽從君主和官吏，一切依法行事便可。所以他說我們今天崇尚法治，卻要取法西歐，而不知商君已倡於二千年前。「數典忘祖，得無傎乎」（傎，顛倒也），朱師轍著《商君書解詁》，理應對《商君書》有相當了解，但他認為商君是民主法治的先驅，誤會之大，實在令人驚訝。

為甚麼說朱師轍謂商鞅的法治是民主法治，是一大誤會呢？因為民主法治的憲法，是人民為了實現基本人權而組織政府的根本大法。法家之法，是人主為了驅民耕戰而立的賞罰之法。商鞅曰：「凡賞者，文也；刑者，武也。文武者，法之約也。」（《商君書‧修權》）韓非曰：「法者，憲令著於官府，刑罰必於民心，賞存乎慎法，而罰加乎姦令者也，此臣之所師也。」（《韓非子‧定法》）這些法，原來循法守法的便賞，姦令犯法的便罰，但由於守法的人多，賞不勝賞，結果變成刑九賞一，甚至專任刑罰而欲以為治。法家用刑，有所謂連坐之法。一人犯罪，相連而坐之以罪，刑及三族。所謂三族，有指父兄弟、己兄弟、子兄弟而言；有指父族、母族、妻族而言。真是法重心駭，威尊命賤。

近百年來，中國民貧國弱，飽受列強欺凌，法家講富國強兵，頗能符合人民的渴望，因此都對法家產生好感。然而，法家用犧牲人民自由幸福的高壓政策所達致的富國強兵，只是富人主之國，強人主之兵，在追求富國強兵的同時，法家是要弱民貧民的。對一般人而言，這簡直是不可理解。為甚麼富國便要貧民，強兵便要弱民呢？為甚麼國強便要民弱，民弱國才強呢？我們可以觀察一下民主國家和獨裁國家，民主國家的人民有權利、有力量，可以監督、控告政府，相對而言，政府便弱了。相反，獨裁國家的政府為所欲為，強大得很，人民有如萬馬齊喑，噤若寒蟬，這不是很弱嗎？商鞅說：「民弱國強，民強國弱，故有道之國，務在弱民。……民辱則貴爵，弱則尊官，貧則重賞。以刑治民則樂用，以賞戰民則輕死。

故戰事兵用國強。民有私榮，則賤列卑官，富則輕賞。」（《商君書・弱民》）原來法家賴以驅民耕戰的法寶，是賞罰之法，人民必須重視政府的賞賜和官爵，才能駕馭人民。若他們富可敵國，榮滿天下，則對政府的賞賜和官爵，都會輕視而無動於衷，則必使政府令不行，禁不止，無法驅民於農戰，所以法家的有道之國，便要弱民貧民。

然而，如果人民貧到無可籌之餉，弱到無可用之兵，這對人主也不利。所以商鞅又說：「治國之舉，貴令貧者富，富者貧。貧者富，富者貧，國強。」（《商君書・說民》）怎樣才能使貧者富呢？商鞅說：「貧者益之以刑，則富」。民貧由於不努力耕作，故以刑逼耕，貧者自然富起來。怎樣才能使富者貧呢？商鞅說：「富者損之以賞，則貧。」富人有錢而沒有榮譽，政府只要他們捐出一大筆錢來，便賞他們一些榮譽，富人得了這些賞賜，不就貧了嗎？以前港英政府要富人捐錢，然後賞給他們一些勛銜，都是損之以賞則貧的例子。法家無論要令貧者富或富者貧，其辦法始終離不開賞罰。他們就是要用賞罰之法，永遠玩弄人民於股掌之中，並自詡這是「有道之國」。

儒法政治觀之比較

史稱商鞅入秦，先説秦孝公以帝道，孝公睡而不聽，再説以王道，亦不合孝公心意，繼説以霸道，才有用商鞅之意，卒以強國之術取悦孝公。孝公與語數日，不自知膝之前於席，遂得重用，厲行變法。照商鞅所説，古代政治，有帝道、王道、霸道及強國之道。帝道應指堯、舜的禪讓政治；王道應指夏、商、周三代的保民愛民政治；霸道應指齊桓、晉文尊王攘夷，挾天子以令諸侯的霸政；至於強國之術，則指法家的治術而言。荀子談及這些不同的政治形式，認為王道以道義施政，故能爭取到別國人民；霸道憑信用結盟，故能奪取別人的盟國。至於強國之道，運用權謀變詐，既無道義，又不守信用。雖可以奪取別國土地，但爭取不到別國的人民和政府，終必至於敗亡。

孔子的政治理想，祖述堯舜、憲章文武。《論語‧堯曰》篇記述堯讓舜、舜讓禹，輾轉叮嚀，都要以四海困窮為心。湯、武革命之時，成湯說：「萬方有罪，罪在朕躬。」周武王則說：「百姓有過，在予一人。」其後，孟子更謂：「非堯舜之道，不敢陳於王前。」（《孟子‧公孫丑下》）他們的政治理想，決不像商鞅一樣，可以降格求售，枉道求容。故孔子去魯，孟子去齊，雖有所待，然終於浩然有歸志，皆由對理想的忠誠。法家的政治，以現實的君權至高無上，誰也不能挑戰君主的權威。因此，法家最反對儒家講堯舜禪讓、湯武革命。《韓非子‧忠孝》篇說：「堯、舜、湯、武，或反君臣之義，亂後世之教者也。堯為人君而君其臣，舜為人臣而臣其君，湯、武為人臣而弒其主、刑其屍，而天下譽之，此天下所以至今不治者也。……父而讓子，君而讓臣，此非所以定位一教之道也。臣之所聞曰：『臣事君，子事父，妻事夫。三者順則天下治，三者逆則天下亂，此天下之常道也。』」可見，一般人攻擊的「三綱五常」，說君要臣死，臣不得不死；父要子亡，子不得不亡，最初原是出自於法家的。

儒家的倫理，本乎理性，而非本乎權威。故儒家所宣揚的倫理道德都是相對的，而非絕對，五倫中，父慈子孝、兄友弟恭、君敬臣忠、夫義婦順、朋友有信，都是各有各應盡的義務。在君臣的關係上，孔子客氣些，便說：「君使臣以禮，臣事君以忠。」《論語八佾》孟子不客氣便講：「君之視臣如手足，則臣視君如腹心；君之視臣如犬馬，則臣視君如國人；君之視臣如草芥，則臣視君如寇仇。」（《孟子．離婁下》）荀子說得更不客氣了，他說：「奪然後義，殺然後仁，上下易位然後貞。」（《荀子．臣道》）

傳統上，君位源於天命，天命本乎民心。《尚書》說：「惟天降命，肇我民」，「天視自我民視，天聽自我民聽。」政權的根源在天，便等於政權的根源在民。政權不是一家一姓的私產，所以說天下為公。既然天降王命是為了愛民保民，則愛民保民便是人君應盡的職責，亦即人君應盡的君道。因此，儒家在君位、君權之上，有一個君道。君權不是至高無上的，也不是無條件的，只有履行了君道的人，盡了君職，才配居君位，行使君權。人臣可以因為人君履行了愛民保民的君道才事君，若君不君，臣亦可以臣不臣。故孔子說：「所謂大臣者，以道事君，不可則止。」（《論語・先進》）；荀子說：「從道不從君」（《荀子・臣道》）；孟子說：「君子之事君也，務引其君以當道，志於仁而已。」（《孟子・告子下》）既然以道事君，從道不從君，因此事君可以是事道。人君合乎君道，才有資格居君位，否則應當自動退位讓賢，這叫做禪讓。若不能履行君道，甚至多行不義，尸居其位，人民便有理由把他從君位上拉下來，這叫做革命。在先秦諸子中，惟有儒家反省到君權應有的合理根據，肯定天下為公、禪讓革命的合理性。故孟子說舜之有天下，不是堯給他的，因為天下乃天下人之天下，堯不能以天下私相授受地交給舜。然則舜之有天下，是誰給他的呢？孟子說是「天與之，民與之」。齊宣王問孟子，商湯放逐夏桀、武王伐紂，是臣弒其君。臣弒其君可以嗎？孟子說，害人者謂之賊，害義者謂之殘，殘賊之人，謂之一夫，「聞誅一夫紂矣，未聞弒君也。」（《孟子・梁惠王下》）桀紂害仁害義，不能履行君道，已是一個殘賊的匹夫，故湯武征誅，不能算是臣弒其君，只能算是誅一夫而已。孟子這番理論，真可說是石破天驚。無怪乎朱元璋為帝後先欲罷孟子之配享，繼又刪定《孟子節文》。而有西方學者研究後認為，儒家的民本思想，在17、18世紀傳入歐洲後，對歐洲啟蒙運動思潮和法國大革命產生了重要影響，不是沒有道理的。

儒家講內聖外王，不是好人之所惡，惡人之所好。而是要民之所好，好之；民之所惡，惡之。王道政治，就是要實現人民所追求的諸多人生價值。為了實現民之所好，儒家的治道，也講刑治和政治，但卻特別重視德治和禮樂之治。《禮記》說：「禮樂刑政，其極一也，所以同民心而出治道也。」但《論語》說：「道之以政，齊之以刑，民免而無恥。道之以德，齊之以禮，有恥且格。」儒家主張刑當其罪，反對只用象徵性的刑罰而不用肉刑。反對法家所主張的罪輕刑重，也反對道家的罪重刑輕。在政治上，孔子主張富而後教。孟子主張為民制產，使百姓仰足以事父母，俯足以畜妻子，樂歲終身飽，凶年免於死亡，然後教之向善。《大學》謂「大學之道，在明明德，在親民，在止於至善。」儒家所謂至善，不是要富國強兵，爭霸天下。而是要通過教化，使每個人都能實現價值理想，實現完美的人格。儒家六藝之教，詩教使人溫柔敦厚；書教使人疏通知遠；樂教使人廣博易良；禮教使人恭儉莊敬；易教使人潔淨精微；春秋教使人屬辭比事。這裏包括了今天的德、智、體、羣、美五育。而禮教能使人外貌莊敬，無輕慢之舉。這都能使人潛移默化，徙善遠罪於不知不覺之中。不必用嚴刑峻法，便可達致移風易俗，天下咸寧的目的。

人生所追求的價值理想多彩多姿，但王道之治，總要對人生一些重要價值加以照顧。《禮記》中記述了冠、昏、喪、祭、朝、聘、鄉、射等禮節。冠禮是成人之禮，目的使人明白長大成人後，要盡人生應盡的責任。昏禮是成男女之別，立夫婦之義，上以事宗祖，下以繼後世。喪禮在明死生之義，目的在使人節哀順變，不宜以死傷生。祭禮在慎終追遠，報本反始，崇德報功，追養繼孝。朝覲之禮，在明君臣之義。聘問之禮，在使諸侯相尊敬。燕禮是君臣燕飲之禮，鄉飲酒禮是鄉人以時會聚飲酒之禮，目的在明長幼之序。凡此，都是人生在一些重要階段中所經歷的事故，聖人為之制禮作樂，即賦予人的生活以更崇高的價值。

儒家認為禮主別異，樂主和同。人類社會分工分職，總有尊卑上下之別，不能羣而無分，成了烏合之眾。但社會若只有分異，沒有情志的交流，便會彼此疏離，矛盾對立，產生不安，故《禮記》云：「禮節民心，樂和民聲。」又說：「樂者，天地之和也，禮者，天地之序也。」樂為甚麼能使社會和同在一起呢？原來樂是包括詩、歌、舞的。詩言其志、歌詠其聲、舞動其容。三者本於心，然後用金石絲竹，匏土革木等樂器，加以合奏。故情志深厚，形容明著，氣象盛大，感染神速。所以儒家講禮教，必與樂教配合。

法家用兵，目的在繼續鞭策人民，以便達到稱霸天下的目的。商鞅認為國富而不戰，人民便會貪圖逸樂，苟且偷生，國家便弱。若國富而務戰，毒輸於敵，國內無偷安奢靡的生活，國家便強。故商鞅一面要以農富國，摶聚力量；一面又要以戰強兵，消殺力量。故曰：「摶力以壹務，殺力以攻敵。……能摶力而不能用者，必亂；能殺力而不能摶者，必亡。」（《商君書‧壹言》）可見法家不但為功利主義者，更是擴張主義者。

法家治軍，全靠賞罰，斬一首者爵一級，欲為官者為五十石之官。以五人為伍，同伍連坐，一人逃，其餘四人亦要斬首。法家以為用嚴刑重誅，即可以有必勇之民為他打仗。但孟子卻說「仁者無敵。」（《孟子‧梁惠王上》）荀子也說：「善附民者，是乃善用兵者也。」（《荀子‧議兵》）為甚麼仁者無敵，善用兵者必須使民眾親附呢？因為儒家的兵，不是用來爭霸天下的，乃是要保家衛國，禁暴除害的。兵凶戰危，雖然人人都厭惡，但為了保家衛國，禁暴除害，則不願做奴隸的人，都振臂而起，捨身殺敵。故《孫子兵法》論兵要有五：道、天、地、將、法。以道為首要。所謂道，是上與下同意，可與之死，可與之生，而不畏危。仁者愛人，善附民者亦為民所愛，這便能上與下同意，而不畏危。儒家用兵，必師出有名，為正義而戰，故能同仇敵愾，視死如歸。這決不是被威逼利誘的秦卒所能望其項背。暴秦之兵，雖能震動一時，并滅六國而一統宇內，但一有人揭竿而起，便土崩瓦解。漢代賈誼所著《過秦論》

曰：「一夫作難而七廟隳，身死人手，為天下笑。何也？仁義不施，而攻守之勢異也。」賈誼的話，可說是千古定評。孟子曾痛斥法家曰：「今之事君者曰：『我能為君闢土地，充府庫。』今之所謂良臣，古之所謂民賊也。君不向道，不志於仁，而求富之，是富桀也。『我能為君約與國，戰必克。』今之所謂良臣，古之所謂民賊也。君不向道，不志於仁，而求為之強戰，是輔桀也。」（《孟子・告子下》）然則法家為人君富國強兵，就是富桀和輔桀。秦人不惜民命，窮兵黷武，雖然完成了大一統的宏圖，但中華文明卻付出了慘重的代價。熊十力（1885——1968年）在其《韓非子評論》中云：「韓非以並力耕戰為利出一孔。不惜廢學術，賤行修，塞智慧之門，斷自由之徑。反人道於披毛戴角，侮同類猶圈豕、驅羊，自昆吾（夏代諸侯國之霸主）、大彭（商代諸侯國之霸主）以來，霸者用術之酷，未有若斯之甚也。」當今我們正要振興中華，對儒家和法家的政治觀，不能不有明智的抉擇。

四、孔子與釋迦牟尼

佛教自東漢傳入中國以來，由於與儒、道兩家思想頗多近似之處，且其傳入，乃基於文化上的和平交流，並未引起政治、經濟與軍事之衝突，故經過魏晉南北朝而至隋、唐，佛教大小乘一共形成十三宗，其後被融攝為天台、華嚴、三論、唯識、淨土、律宗、禪宗和密宗八大宗派，對中國文化影響極大。

佛教在中國傳揚，歷來有所謂三教同源、儒佛互補之論。但佛教之弘傳，前有三武之厄（指發生在北魏太武帝、北周武帝、唐武宗時期的三次滅佛事件），後有宋明儒家闢佛之舉（指宋明以來儒士斥佛教、駁佛理），故對儒佛之異，仍當有清楚的辨別。

儒、佛兩家的思想究竟有甚麼不同呢？我們可以從二者的宇宙觀和人生觀上加以說明。佛教的宇宙觀，無論在時間和空間上，都有許多使人無法想像的描述。在時間上，佛經以劫為時間單位。劫有小劫、中劫、大劫。怎樣算作一個小劫呢？從八萬四千歲的人壽起計，每一百年減一歲，減至十歲時，稱為滅劫。再從十歲起計，每一百年加一歲，加到八萬四千歲，稱為增劫。如此一減一增的時間過程，總稱為一小劫。二十個小劫為一中劫。中劫又有成劫、住劫、壞劫、空劫四個階段，各有二十個小劫。大劫是包含成、住、壞、空四個中劫。佛經中所稱的劫，如不標明是小劫或中劫，通常是指大劫而言。簡單說來，一個大劫，就是地球生滅一次。佛教要人歷劫修行，才有成佛的可能，你能想像這需要多少時間嗎？

佛經中所描述的空間也是驚人的。佛教有所謂三千大千世界。佛經以一個日月系為一個小世界。須彌山是日月環繞的中心，也就是說，一個須彌山即是一個小世界，小世界應該是指太陽系或恒星系而言。一千個小世界稱為小千世界；一千個小千世界稱為中千世界；一千個中千世界稱為大千世界。也就是說：大千世界，是由一千個小世界，累進千倍，成一個小千世界；再由一千個小千世界，累進千倍，成一中千世界；又由一千個中千世界，累進千倍，才成一大千世界。大千世界一共經過三次千數的累進而成，所以稱為三千大千世界。

由此可知，佛教的宇宙觀，無論在時間和空間上都是廣大悠久到不可想像的。但佛教又認為這樣一個廣宇悠宙並不是客觀真實的，存在於這廣宇悠宙中的事事物物也不是客觀真實的，它們全是我們心識所變現，故曰「萬法唯心」、「萬法唯識」。一切存有，都隨我們的心識而起滅。而我們的心識，都是隨緣而起滅的。一切都是依緣而生，依緣而滅，沒有真實的自性可言，故緣生就是性空。客觀世界除表現緣生性空的空理以外，亦根本無任何實物具真理。

佛教的世界觀既如上述，他的人生觀又是怎樣的呢？佛教在說明生命的來源上，有所謂十二支。十二支之首是無明。生命是由無明來的。由於生命的無明，不能覺悟天地萬物都是緣生無自性，本性空寂的，卻偏偏對這些虛妄不實的天地萬物執為實有，因此必然因失望而產生種種煩惱痛苦。基督教認為人的生命的本質是罪，佛教認為人生命的本質是苦。生命對他們而言，都是負面的，人活在世上，只是要洗脱罪過和超渡痛苦。

基督教認為人要洗脱自己的罪過，不能靠自力，必須靠信仰外面的神，佛教認為人要渡一切苦厄，雖然可以靠自力，但也不是一生一世所能實現的。因為佛教認為人生的無明，不是從呱呱墮地時開始的，而是由無盡的前生業力所遺留，這和基督教説原罪一樣，可以説是一種原苦。原罪不由我自己的生命來，原苦也不是由我今生來，但我們卻要承負這些罪孽和苦果。佛教以為這些由無始無明而來的孽債，不但使我們今生飽受貪、嗔、癡三毒的痛苦，即使今生今世的生命完結了，還要拖累到無盡的來生，繼續受業報的煎熬。佛教認為，人的生命不止有今生，而且有無盡的前生和來生。由於業債纍纍，我們一日未能修行到涅槃的寂滅境界，了結生死，便要不斷在六道輪迴中流轉受生，接受因果報應之苦。三界眾生，即使修行到有想無想天，其壽命長到八萬四千大劫，自以為已經了結生死，從輪迴中獲得徹底解脱，然而，在八萬四千大劫終了後，他依然要受輪迴業報所支配，繼續沉淪在生死苦海之中。真是苦海無邊，令人震懾。基督教要人信耶穌，得永生，這對佛教徒而言，真是自討苦吃。生命的本質就是苦，修行的目的，就是要從天道、人道、修羅道、畜牲道、餓鬼道、地獄道的六道輪迴中解脱出來，達致寂滅的涅槃境界。故對佛教徒而言，不怕求生不得，只怕求死不能，更何況是要求永生呢！

儒家的天道觀，認為這個世界以外，並無別的世界。天沒有分人住的、天使住的和上帝住的之別。也無所謂三十三天、天外天，人就只活在這個天道之內。不過，儒家所講的天，包括所生的現象和能生的本體，在所生的自然現象之外，有一個生生不已，健行不息的本體。健行不息就是至誠，生生不已就是至善，故《易》曰「繼之者善」，《中庸》曰：「至誠無息」。這至誠至善的本體，雖然不可以用經驗去證明，但因這些信仰沒有神話的成分，因此沒有違反經驗，也未被經驗否證過。儒家認為天道的現象和本體，是合而為一的，這樣的天道，沒有一般宗教所充塞的巫魔性，而是天清地寧、生機洋溢，充滿吉祥嘉慶的，正如《尚書大傳・虞夏傳》的「卿雲歌」所云：「卿雲爛兮，糺縵縵兮，日月光華，旦復旦兮。」真是一片堯天舜日的祥和景象。

儒家的天道觀，雖然和佛教一樣，認為天道是變易無常的，但變易無常的天道，也有它的常，故《易經》說「易」有三義：一是變易，二是不易，三是簡易。《荀子・天論》篇說「天行有常」。因為天行是有規律的，所以我們把握了這些規律，便可以因時制宜，因地制宜，從事生息治事。故《荀子・天論》曰：「所志於天者，已其現象之可以期者矣；所志於地者，已其見宜之可以息者矣；所志於四時者，已其見數之可以事者矣；所志於陰陽者，已其見知之可以治者矣。」（志，記識也；已，記也，亦說同「以」字；見，示也）由此可見，不易和易可以統一起來，常與無常也可以統一起來。正因為事物變化中有它的規律，所以萬事萬物都有理，這些理，不止是緣生性空的空理，更是一些實理。故程頤說：「物生死成壞，自有此理，何者為幻？」朱熹因此要我們「即凡天下之物，莫不因其已知之理而益窮之。」又說：「其味無窮，皆實學也」。

佛家對無常的事物，不但認為只顯示空理，沒有實理，又以為無常就是苦，無論黑無常，還是白無常，都是生人勿近的。他們追求的是寂滅，以寂滅為樂。而儒家認為天道就是生生不已，生生不已必然是變化無常的，天道的變動不居，周流六虛，剛柔相易，上下無常，才顯示出活潑的生機。鳶飛戾天，魚躍於淵，風起雲湧，庶物怒生，這是好的。我們所盼望的，是一個天地變化，草木繁盛的世界，而不是天地閉，賢人隱的世界。乾坤一日不息，便必然是變易無常的。變易無常，生趣盎然在儒家看來，不但不是苦的根源，而且是可喜可樂的。所以，儒、佛兩家對變易的天道的評價，可謂背道而馳。

儒家沒有原罪的觀念，也沒有原苦的觀念。儒家認為，人的生命就只有這一世，沒有前生來世，所以來去自由，也是來去清白的，要說對天命有所承負，那就是承負了至誠的天性。誠就是善，《中庸》說：「不明乎善，不誠其身矣。」又說：「誠則明矣，明則誠矣。」佛家以生命源於無明，儒家認為生命源於誠明，故主張人性善。

儒家不說人生是苦，反而說人生是樂。仁者樂山，智者樂水。顏淵在陋巷，一簞食，一瓢飲，人不堪其憂，回也不改其樂。子曰：「飯疏食飲水，曲肱而枕之，樂亦在其中矣。」（《論語•述而》）孟子說君子有三樂：「父母俱存，兄弟無故，一樂也；仰不愧於天，俯不怍於人，二樂也；得天下英才而教育之，三樂也。」（《孟子•盡心上》）范仲淹說：「儒家自有名教可樂」。程顥說：「時人不識余心樂」。王陽明說，樂是心之本體。這種尊生樂生的態度，和視生命為罪與苦的基督教與佛教相比，實有天淵之別。

儒家不但不說人生是苦，而且對苦也不採取厭離的態度，佛教以苦是由於無明的妄執，故要厭離，要超渡。儒家則不然。孟子認為苦是我們追求理想時所遭遇的艱困。所以，苦是不能逃避的，而是要面對，並加以克服。沒有對理想的追求，便無所謂苦。孟子說：「天將降大任於是人也，必先苦其心志，勞其筋骨，餓其體膚，空乏其身，行拂亂其所為。所以動心忍性，增益其所不能。」（《孟子•告子下》）人能承擔大任，才會遭遇種種苦厄。這些苦厄，是實現理想時所必須加以克服的，正所謂吃得苦中苦，方為人上人。人間正道，就是吃苦茹辛，努力實現我們的理想，而不是一味尋求解脫。

佛教原來說人要歷劫修行，才能成佛，這對認為人生只有一世生命的中國人來說，實在無法接受。因此，佛教中國化以後，便產生主張一念迷即眾生、一念悟即佛；放下屠刀，立地成佛的禪宗。禪宗不但主張心佛眾生，三無差別，而且認為修行、作佛也不必剃髮出家，不必坐禪習定，不必造寺渡僧，不必敲經唸佛。即使是運水搬柴、酒色財氣，亦可以不礙菩提道，故曰「佛法在世間，不離世間覺」。如是，佛教便由出世間變為人間佛教。但禪宗的根本精神，依然是要了斷生死，以寂滅為樂。雖然《六祖壇經》云：「心平何勞持戒，行直何用修禪，恩則親養父母，義則上下相憐。」乃至對儒家所奉行的世俗倫理，亦加以講求。但儒家講孝悌忠信，修、齊、治、平，是有積極意義的，他對歷史、文化、家國、天下都要一一成全，是要繼天立極，贊天地之化育，使天道富有日新，這就決不是佛教以此為不礙菩提道而已。

五、孔子與耶穌

人生在世，不過七尺之軀，百年之身，如果死亡之時，一切都煙消雲散，歸於虛無，便會使我們覺得人生毫無意義，無法安身立命。所謂世人生死事大，為了突破人生的有限，人們通常都會用各種辦法追求永生和不朽。

基督教是當今世界第一大宗教，面對以上的問題，他提出了一個解決之道。基督教以信仰上帝為中心，他認為上帝是自有永有，全能至善的造物主，是唯一真神，人類是上帝依照他自己的形像創造出來的。耶穌是上帝的獨生子，而聖父、聖子、聖靈是三位一體的。人類的祖先夏娃、亞當在伊甸園違背了上帝的旨意，偷吃禁果，便使人類永遠帶着原罪來到這個世界。由於原罪的代價就是死亡，所以人若要不至滅亡，反得永生，便必須洗脫這些原罪。因此，基督教認為人類獲得救贖的唯一方法，就是信仰救世主——耶穌基督。基督教千言萬語，就是要我們信，所謂信者得救，這信仰是無法用經驗和理性去證明的，只憑上帝的啟示，故為啟示的宗教。

中國在《詩經》、《尚書》所反映的三皇五帝以及夏、商、周時期，也有天帝或上帝的信仰，認為天帝是一位人格神，命有德，討有罪，全能至善，主宰人間。到了周初，由於對歷史的反省，正視了「天命無常」的事實，認為天帝「惟德是輔」，也就是說天帝只會輔助有德之人。於是人們要獲得天帝賜福，與其敬天，便不如敬德。德是人生的合理行為，由敬天轉而為敬德，便由宗教的虔敬，轉為道德的實踐，所謂「聿修厥德，自求多福」（《詩經•大雅•文王》）這便興起了人文精神。而傳統上的天帝，便脫落了人格神的色彩，而成為萬物「生之本」的天道，《易》曰：「天地之大德日生」。孔子說：「天何言哉，四時行焉，百物生焉。」（《論語•陽貨》）都是在講這個道理。

儒家所講的天道，固然是指所生的現象，但也是能生的本體。天道是生生不息，健行不已的，依然是個敬事的對象。祭天事天，就因為它是生之本。故《禮記》云：「郊之祭也，大報本反始也。」《荀子‧禮論》謂「天地者，生之本也。」所以必須加以祭祀。儒家的天道觀，在德化和淨化了對上帝的信仰後，只保留了生之本的性質，並不如一般宗教附有許多神話。一個生生不息，健行不已的天道，雖然也無法用經驗和理性去證明，只能憑人們的信仰，但這個信仰，至少從未被理性和經驗否證過。而一般宗教的神話，則明顯是違反經驗和理性的，比方說耶穌是由童貞的瑪利亞所生；七餅二魚可以餵飽五千人；耶穌可以死而復生等等，這都是違反經驗的。又說萬物的存在都要有它的原因，但上帝的存在則不需要原因，他就是第一因，這就是違反理性的。儒家的信仰，因為沒有神話，因此也沒有違反經驗和理性。

由於後來儒家只講天道，不講上帝，基督教認為天地都是上帝創造的，所以批評儒家所講的天道沒有根源，不能說明天道存在的原因。但儒家的天道，既然是「生之本」，是能生的本體，為甚麼在本之上，還要找一個本呢。如果上帝是第一因，為甚麼天道不可以是第一因呢？

儒家認為天道至誠，人稟受至誠的天道而成人性，《中庸》云：「不明乎善，不誠其身矣」，「誠則明矣，明則誠矣」，則人性中自有天道的誠明和至善。所以儒家認為我們的生命，既非始於無明，也非原於原罪。人有了聰明智慧，至誠至善，便皆可以有君子之行，甚至人皆可以為聖人，實現完美的人格，而不必再等待上帝的啟示和耶穌的救贖。所以《中庸》說：「道不遠人，人之為道而遠人，不可以為道。」人要追求實現人生的價值，只要本着我們的仁心善性，本心良知去做便可，不必再靠上帝的啟示，因為「民受天地之中以生」（《左傳•成公十三年》），上天早已將良知、天理稟賦給我們，這就相當於受了上帝的啟示。人盡心便可以知性，盡性便可以知天，這和基督徒要與主偕行，是一樣的。不過，儒家所講的人文主義和西方文藝復興所講的人文主義是不同的。西方文藝復興時所講的人文主義，由靈返肉，與神本主義對立。儒家的人文主義或人本精神，一向主張祭天，講天人合一，並沒有貶抑天道或否定天道。天道只是將天帝德化和淨化的結果，它雖不再是人格神，但萬物本乎天，天依然是生之本。所以儒家雖說以人為本，但也說吾儒本天。

儒家沒有來生和天堂的信仰，所以，在面對死亡的時候，沒有永生的祈求，然則儒家對人生，有沒有終極的關懷和取得無限的意義呢？倘使人無法超越他有限的自然生命，沒有宗教的情懷，我們怎能安身立命呢？孔子在臨死時，慨歎「哲人其萎乎」，然則孔子的一生，是不是無法取得無限的意義呢？很顯然不是的。事實上，儒家正視個體生命的有限，認為人有生就有死，死亡是無可避免的。因為天是全體，天所命於我們的性是部分，人只能盡自己本有的性，接受他的命限，這叫做知命。如果一個人不守本性，一廂情願地去求永生，這就是惑。智者不惑，不知命無以為君子。人的自然生命是有限的，但我們在生命中卻有可與天地萬物感通無隔的仁心，「仁」是我們生命中的高貴品質，這是孔子所揭示的。由於仁心的感通無隔，可與他人他物產生同情共感，親親而仁民，仁民而愛物，所謂「仁者以天地萬物為一體」(《河南程氏遺書》卷二)、「宇宙內事,乃己分內事。己分內事,乃宇宙內事」,都是踐仁盡性所能達致的境界。傳統上,中國人祭天、祀孔、祭祖,也是顯示我們的生命能上達生之本的天地、教之本的聖賢、類之本的祖先。而且聖人制禮義而起法度,是為生民長慮顧後而保萬世;庶人積德行善,亦是關懷後世子孫。因此,在儒家看來,我們個體的生命雖然有限,但我們所關懷感通的人和事,卻可以是無限的。

儒家的天道是健行不息,生生不已的,乾坤浩蕩,永不毀滅。因此,我們生前所創造的價值理想,所建立的德、功、言,將流入歷史文化之中,與天地同其悠久,這就是不朽。叔孫豹所講的「太上有立德,其次有立功,其次有立言,雖久不廢,此之謂不朽。」(《左傳・襄公二十四年》)被稱為人生三不朽,就是要人在有生之年為天地創造更豐富的價值理想,使天道富有日新。這是儒家天生人成、天人合德、贊天地之化育的理想。真正的悠久博大,只能在整個天道中,人生要求不朽,只能流入歷史文化中。在浩蕩的天道中,個體只是盡性而已,但盡性便可以知天,這就可以使有限的人生取得無限的意義。歐陽修《祭石曼卿文》有云：「其同乎萬物生死，而復歸於無物者，暫聚之形，不與萬物共盡，而卓然其不朽者，後世之名。此自古聖賢，莫不皆然。」後世之名，不必都著在簡冊，在家祠的族譜中；在鄉里的懷念中；在子孫的回憶中，都可以有不同程度的不朽。在我們離開世界的一刻，還知道這悠悠人世中，留下了自己的德業，不也可以無悔無愧了嗎？

儒家的人文主義，一般亦稱人本主義，所以基督教總把儒家的人文主義，理解為自我中心的人本主義，與神本對立。但儒家一直主張天命之謂性，人性中自有天命，認為盡心可以知性，盡性可以知天，天人性命，是通而為一的。故一向講天人合一，天人合德。所以說，儒家講人本，其實也是本天，無所謂自我中心，亦不與神本對立。只因鬼神之事，無聲無臭，要取法天道，便不如儀刑文王，所謂「國將興，聽於民，將亡，聽於神。」（《左傳•莊公三十二年》）神道是可以弄虛作假的，洪秀全說他可以代表天兄耶穌，但楊秀清也說耶穌託命給他，那怎麼辦呢？因此儒家才說「道不遠人，人之為道而遠人，不可以為道。」

基督教面對孔孟之道，也有不同的態度，像吳明節在《基督教與中國文化的接觸點》和章力生在《人文主義批判》中所採取的態度，把儒家的道統說成是撒但給人創設的道統，把一切人文學者都比作假冒為善的文士和法利賽人（一個強調以《舊約聖經》為根本，遠離世俗的猶太教派別），因而不惜採取排他的態度，與主張和而不同，殊途同歸的中國文化決絕。然而，艾儒略在他為利瑪竇所著傳記——《大西利先生行跡》中卻說：「大西利子，奉天主真教，航海東來，其言多與孔孟合。」意思是說基督教教義與孔孟之道有共同點。但利瑪竇對待孔孟的態度，後來又被批評為出賣基督。從前在《伯曼通訊》中，有一位張春申神甫寫了一篇《孔子與超自然的啟示》的文章，認為孔子的道統，不但不是撒但為中國人所設立的道統，而且是有超自然的啟示的。因此，張神甫認為，孔子在中國文化中能產生永恒而普遍的影響，應有其特殊的地位。站在天主教的立場，至少也可以肯定他是為救世主的降臨而鋪平道路的。在耶穌的福音還沒有傳到中國來的時候，天主教應以當時的中國人有沒有遵循孔子的教訓，作為是否得救的標準。而不應以是否遵循個人的自然良心，作為是否得救的標準。因為人們遵循一位接受過上帝啟示的先知的教訓遠比遵循我們個人的自然良心更靠得住。張神甫的意見，其實並不合儒家的宗旨，因為孔子的教訓就是要人本着他自己的良心行事，人要求心之所安，並沒有說人應當遵循他的權威。儒家主張天命之謂性，主張人皆可以為聖人，不能說上帝只啟示孔子，也不能說良心靠不住，不能說憑良心不能自救，但他的這一觀點，比吳明節等人對孔孟之道的態度，總是尊重一些的。

基督教說：「神愛世人，」孔子也說：「仁者愛人」。但基督教的愛是從神那裏來的，世人都是神的兒女，所以他的愛，是無分彼此的。而且，他強調，人愛自己的親人，但更要愛上帝。孔子的愛是仁愛，仁是我們的生命主體，由一個生命主體發出來的愛，不可能沒有親疏遠近之別，若離開我們的生命主體，愛便遊離無根，成為虛妄不實的東西，正如離開了光源便沒有光。所以孔子講愛，要從孝悌講起，親親而仁民，仁民而愛物，終亦可至與天地萬物為一體。而耶穌基督認為，孝悌之愛都是私情，在《馬太福音》十二章記載：「耶穌還對眾人說話的時候，不料，他母親和他弟兄站在外邊，要與他說話。有人告訴他說：『看哪，你母親和你弟兄站在外邊，要和你說話。』他卻回答那人說：『誰是我的母親？誰是我的弟兄？』就伸手指着門徒說：『看哪，我的母親，我的弟兄。凡遵行我天父旨意的人，就是我的弟兄姐妹和母親了。』」在《馬太福音》第十章三十四節更說：「你們不要想我來，是叫地上太平，我來並不是叫地上太平，乃是叫地上動刀兵。因為我來，是叫人與父親生疏，女兒與母親生疏，媳婦與婆婆生疏。人的仇敵，就是自己家裏的人。愛父母過於愛我的，不配作我的門徒，愛兒女過於愛我的，不配作我的門徒。」這些話，孔子是決不能接受的。即使愛耶穌就是愛世人，為甚麼愛聖人便要把自己家裏的人視為仇敵呢？人固然要博愛，但父母生我育我，為甚麼不可以對自己的父母比對別人的父母多愛一些呢？神和世人的關係是沒有親疏遠近分別的，但作為個體的人，對自己的父母兄弟和其他世人，當然有親疏遠近之別。則我們的愛，為甚麼不可以由近及遠，由親及疏地作差等之愛呢？熊十力先生在《十力語要》卷一中說：「儒家以孝悌為天性之發端處，特別着重養得此端倪，方可擴而充之，仁民愛物，以至通神明，光四海之盛。若將父兄與民物，看作一例，而談兼愛，只恐愛根已薄，非從人情自然之節文上涵養擴充去。而兼愛只是知解上認為理當如此，卻未涵養得真情出，如何濟得事？不唯不濟事，且將以兼愛之名，而為禍人之實矣。世界上服膺博愛教義之民族，何嘗稍抑其侵略之雄心邪。」熊先生的評論，對主張兼愛的墨子、大悲的佛教和博愛的基督教，都是通用的，他們的教義，顯然與孔子的教義有很大的分別，不可不察。

六、儒家與西方科學

世界文明，根據湯因比（Toynbee，1889 — 1975 年）的研究，共有二十一個。基於人種不同、地理環境不同、歷史的際遇不同等因素影響，不同的文明，可以各有各的特性。今天的西方文化，由希臘的哲學傳統、羅馬的法律傳統和希伯來的宗教傳統集合而成。一般人認為西方文化重智，是由希臘哲學的傳統而來。

西方文化重智識理性

古希臘文明為商業文明，其人常往各地通商貿易，多見不同的山川風物，易生生疏驚奇之感。又古希臘的哲人，多生活於希臘的殖民地，不負實際社會政治的責任，且多不愁生計，其生活是閑暇的。生於閑暇，出於生疏驚奇之感的古希臘哲學，喜客觀地、不急不忙地對宇宙人生作純理的研究和純興趣的探討。因此，其成就偏重於自然哲學，如問世界的本體為何？宇宙的生成如何？幾何圖形有何定理？蟲魚鳥獸有何特性等等，都是無關民生日用的問題，但希臘卻成就了一個為學術而學術的傳統。哲學為科學之母，是一種愛智的活動，目的是求真，故特重知識。古希臘哲學對宇宙、人生提出許多不同的知識理論，為了考核和保證他們的知識是正確的，西方人便發展出很好的邏輯和知識論。

邏輯有形式邏輯和歸納邏輯兩類，形式邏輯是研究正確推論規律的科學，只涉及推論的形式，不管推論的內容。古希臘哲學家亞里斯多德（Aristotle，前 384 — 前 322 年）所研究的邏輯，便是形式邏輯。亞里斯多德的邏輯，發明了許多三段論式的規則，告訴我們依循這些推理，才可能獲致正確的結論。然而，由三段論式推出來的結論，即使是正確的，也只能說這結論是對的，不能保證這結論是真的。所謂對的結論，是指這結論所包含的意義，是和它的前提相一致。如果結論中，逸出了前提所涵蘊的意義，那就是錯，但對的不必真，錯的也不必假，比如說：

大前提：凡人皆有死　小前提：孔子有死　結論：孔子是人

大前提：凡人皆有角　小前提：孔子是人　結論：孔子有角

以上第一個三段論式的結論，說孔子是人，這當然是真的，但這個推論是錯的，因為它的前提並無孔子是人的意思。第二個三段論式的結論說孔子有角，這當然是假的，但這個推論卻是對的，因為它的前提中明顯地涵蘊了孔子有角的意思。形式邏輯，只能講對錯，不能講真假，一切結論都是前提中本來就有的，所以它不但不能分辨真假，而且也不能獲得新知識，這確實是形式邏輯的缺憾。

十六世紀英國出了一位哲學家——法蘭西斯•培根（Francis•Bacon，1561—1626年），他著有《新工具》一書，以別於亞里斯多德的《工具論》。亞里斯多德的邏輯，偏於演繹法，培根的《新工具》，提倡歸納法。歸納法，是獲得新知識的方法。新知識靠甚麼獲得呢？那就是觀察。

我們要獲得「凡人皆有死」的知識，必須觀察人是否都有死的性質，觀察不能只觀察有限的事實，必須歸納許多事實，才能構成知識。如果你只枚舉孔子有死、孟子有死、蘇格拉底有死、柏拉圖有死，便推出「凡人皆有死」這是無效的，這種歸納，叫枚舉歸納，是不完全的歸納。但有沒有完全的歸納呢？回答是：沒有。因為我們要觀察盡所有人都有死，才作出「凡人皆有死」的結論是不可能的。所以歸納法，亦只能作最大限度的歸納。因此，一切科學知識都沒有百分之百的保證，只能在統計學上，找出最大的近似值而已。而人們觀察自然現象，常受時空的限制，科學家為了擺脫這一限制，便在觀察法以外，用實驗法來輔助，即在實驗室中製造相同的情境，進行觀察，然後加以歸納，以形成知識。

歸納法既然不可能是完全的歸納，因此科學知識也不可能有絕對的保證。比方說，人們觀察許多會飛的動物都是有羽毛的，便推論說「一切會飛的動物都是有羽毛的」，但後來我們發現不但蝙蝠會飛，連有些猴子和魚都會飛，卻沒有羽毛，我們的知識便要修正。又如，以前人們認為科學是要追求自然界的必然因果律。但英國的哲學家休謨（Hume，1711—1776年）認為，人們認為有必然的自然因果律，無非是靠經驗觀察。一般人認為兩件事之間有必然的因果關係，是由於我們在經驗中，觀察到兩件事往往同時發生，或先後發生，於是便判斷二者之間有必然的因果關係。休謨說，我們只經驗到兩事件之間有同時出現或先後出現的現象，卻經驗不到兩件事之間有必然的因果關係，我們認為它們之間有因果律存在，只是由於我們的習慣。但即便如此，演繹法、歸納法或統計法，已能使科學產生極大的成就，使我們獲得很多有用的知識。盛極一時的邏輯經驗論，就是宣揚這種科學方法。

科學方法是不是人類求真唯一方法呢？英國哲學家羅素（Russell，1872—1970年）曾經說：「科學方法是人類採取特定的時空坐標觀察外在對象的一種方法。」這種外在的觀察法，能否了解一切現象的真實情況呢？比方用科學方法來了解「笑」的話，科學家可以觀察到人在笑時，面皮張開，牙齒露出，脈搏跳動，肚皮抽搐，並發出「咯咯」的聲音，但這便了解笑是怎麼一回事嗎？人在笑時的精神狀態，科學是觀察不到的。存在主義哲學家齊克果（Kierkegaard，1813 — 1855 年）在他的論文集中，對經驗科學，尤其是心理學，被應用來研究倫理學，曾提出強烈的控訴。他說：人們在研究人類的倫理因素時，像統計上的平均數那樣處理，或像計算自然律中的擺動那樣來計算，結果使所有倫理學變成了幻想。他質問：我們是否必須知道消化器官如何活動才能吃飯，或我們是否必須知道神經系統中有怎樣的運動，才能信仰上帝和愛人類呢？

顯然，科學不是萬能的，科學只求了解客觀事實，只求如實地觀察事實，描述事實。在觀察和描述時，決不容許摻入主觀因素。人都有好善惡惡，好美惡醜的感情，但當科學家要了解一些善或惡、美或醜的事物時，便不能加入科學家自己的愛憎，因為這些主觀的因素是會影響客觀的觀察的。科學家不但不能動感情，而且科學本身是價值中立的。因為客觀事實本身無所謂價值，價值是由人的價值主體，通過價值判斷才產生的。我們認為科學家求真是一種價值，也是科學以外的一個論斷。人與生俱來就是一個價值主體，真、善、美、神聖都是我們所追求的價值。科學雖非萬能，至少它能幫助我們實現真的價值。

西方自文藝復興以來，自然科學突飛猛進。人們對我們生存所在的地球和天體的認識，原來都是充滿迷信和幻想，隨着西方天文學、地質學、物理學、化學、生物學等科學的進步，使人類眼界大開，我們不但了解了宇宙的浩瀚，也了解了最細微的原子，了解物種的起源，了解山河大地的變遷，聲光電化的原理，蟲、魚、鳥、獸的生態……，真如《周易》所云：「聖人作而萬物睹。」我們不再蒙昧了，藉助於科學，彷彿整個宇宙都在我們知識的監察和控制之中，這對我們開拓人生價值而言，貢獻是非常大的。我們可以套用宋儒讚歎孔子的一句話來讚歎西方的科學家：「天不生科學家，萬古如長夜。」

儒家文化重道德理性

中華文明，一向肯定世界的真實，認為事事物物都有理，所以格物窮理，也是儒者應有的修養工夫。朱熹（1130 — 1202 年）在《大學格物補傳》中說：「人心之靈，莫不有知，而天下之物，莫不有理，惟於理有未窮，故其知有不盡也，是以大學始教，必使學者即凡天下之物，莫不因其已知之理而益窮之，以求至乎其極。」《周易‧繫辭下》也說古之聖王，仰則觀象於天，俯則觀法於地。觀鳥獸之文與地之宜，藉以了解萬物之情。中國人之於圓周率的發現、二次方程式的發明，都比西方早。其餘像中醫針灸的成就，羅盤、火藥、指南針、印刷術等等的發明，都顯示中華文明在智性方面的成就。相對於希臘文明而言，孔子較重德性，但亦沒有輕視智性。就愛智而言，孔子和蘇格拉底是一樣的。

然則，為甚麼西方能發展出近代科學，中國卻不能呢？英國人李約瑟（Joseph Needham，1900 — 1995 年）在其所著《中國科技史》中認為，中國人沒有發展出近代科學，只有科技，是由於中國人太重實用，缺乏科學方法。中國人可以憑藉個人的聰明才智、直覺靈感，創造出很多技術和器物，但都沒有嚴謹的演繹法和歸納法。因此，知識不能客觀化，很難累積和傳遞。加上中華文明有較多現實人生的擔負，對純理的探討，總容易被認為是不急之務，而着重實用技術。所謂「天工開物」，開物成務，都是着重為現實人生服務。西方的純理科學，最後也要成為應用科學，為人生服務，但由於他們有為知識而知識的傳統，所以純理科學得以發展。因此，學習西方的科學方法，建立為知識而知識的學統，以純粹求真的態度去了解宇宙萬物，是我們學習西方文明的重要課題。

荀子是儒家中最重視智性的學者，他認為人的大清明心，對天下事物皆有可以知之質，故理當「疏觀萬物而知其情，參稽治亂而通其度。」（《荀子•解蔽》）他理想的大人，是明參日月，大滿八極，沒有任何偏蔽的人。他的《解蔽》篇，還認為欲惡、始終、遠近、博淺、古今都可以是一種偏蔽，故必須無欲無惡、無始無終、無近無遠、無博無淺、無古無今，才能從成見偏蔽中解放出來，獲致真實的知識。這和培根要我們去除心中的劇場偶像、市場偶像、洞窟偶像和種族偶像一樣，都是要我們解蔽。但培根和荀子的不同，是荀子雖說要學至於全盡，但學的目的，依然是為了建立禮義法度。學問的歸宿，依然是要為現實人生服務。故他要我們做學問要知止。止在甚麼地方呢？止於至足。甚麼是至足呢？是聖王。儒家的人生理想是「內聖外王」，因此學問的目的，就是成聖成王。《大學》要我們「知其所止」，又曰：「止於至善」，這都是使儒家的尚智和西方科學的尚智不同的地方。

孔子提倡仁，仁不止是一種情感，也是一種理性。古希臘所重視的是知識理性，孔子所重視的是道德理性。凡理性，都有普遍性。許多西方人認為只有知識有普遍性，道德沒有普遍性。儒家則不然，儒家認為天地間有放之四海而皆準的道德判斷。其實，無論智性還是仁性，都是人心認識普遍的「理」的一種能力。不過，智性所把握的普遍性，純粹是客觀的，完全不涉及主體的態度或評價問題。而仁性所把握的普遍性，必先通過反省逆覺的工夫，把握到主體的價值理想後，再依忠恕之道或絜矩之道推致出去。這種推致出去的「理」，是否合乎道德原則，不是依據形式邏輯的規則去考核，而是依據反省逆覺中的存在實感。此即決定於仁心的安不安，而不是決定於邏輯法則。比方說：「老吾老，以及人之老」是一種具有普遍性的道德，但由「老吾老」的前提，決不能推出「以及人之老」的結論，故不能用抽象的邏輯理性推出來，只能通過反省逆覺，用具體的道德理性推出來。這不是邏輯上的推理，而是道德上的推恩。

推理對客觀事物之所以有效，是因為我們有自然齊一律的信念。我們之所以由實驗過的水，知道它的組成分子是氫二氧一，因而推論出其他未實驗過的水，其構成分子也是氫二氧一，是基於我們相信一切的水，都符合自然齊一律。然則我們憑甚麼說「老吾老，以及人之老」這種推恩，也有普遍性呢？客觀的事物，有它的齊一性，那就是自然齊一，主觀的人心，也有它的齊一性。那就是人心同然。孟子說：「凡同類者，舉相似也，何獨至於人而疑之？……故曰：口之於味也，有同嗜焉；耳之於聲也，有同聽焉；目之於色也，有同美焉。至於心，獨無所同然乎？心之所同然者何也？謂理也，義也。」（《孟子‧告子上》）荀子說：「口可劫而使墨云，形可劫而使屈伸，心不可劫而使易意，是之則受，非之則辭。」（《荀子・解蔽》）孟子以為理義是人心所同然，荀子以為人心的是非，是不會因外力劫持而改變的。趙高指鹿為馬，只可以劫持人的口，卻不能劫持人的心。口說鹿為馬的人，心還是認為是鹿的。

人類價值觀的普遍性

根據形式推理或歸納概推所推出的知識，科學家認為都可以不考慮主體的問題。如果有人懷疑「思維三律」或觀察實驗，我們只會說那人的思考有問題，或說他的感覺有問題。科學家是假定每一個人的感覺能力和思考能力都是一致的，但如果涉及價值問題時，人們便很難肯定價值主體的一致性了。其實，價值判斷的正確性，固然要訴諸價值主體，而邏輯推理，又何嘗不要訴諸理性主體？經驗觀察，又何嘗不要訴諸感性主體呢？一般人同意人人都有共同的感性主體、理性主體，卻不肯定有共同的價值主體，不肯定人心有所同然，這是不對的。價值判斷所以特別被人認為缺乏普遍性，乃因價值主體所追求實現的價值理想無窮無盡，人們可以對對象有不同的價值取向。而且價值判斷之所以有千差萬別、見仁見智的情況，乃因一切價值判斷，必然涉及價值主體的志趣和修養等問題。當我們用觀察法觀察客觀對象時，感性主體大概差別不大。但如果我們要討論有若所說：「自生民以來，未有盛於孔子。」（《孟子・公孫丑上》）的話對不對，便不能只靠我們天賦的感性能力去判斷。首先你必須了解孔子，同情孔子，從文化理想的高度去下判斷，才會覺得孔子是自生民以來最盛大的人物。如果你的文化理想是出世的，你當然不會同意有若的話。如果你和盜蹠一樣，認為孔子再逐於魯、削跡於衛、伐樹於宋、窮於商周、困於陳蔡之間，受屈於季氏、見辱於陽貨，戚戚然以至於死，惶惶然若喪家之狗，這有甚麼盛大可言呢？又如我們要評價李白、杜甫的詩是好詩，你也必須有詩學的修養。知人論世，了解他們所處的時代和個人的際遇，才能作出適當的判斷。由於人心有所同然，只要我們有相同的修養，採取相同的角度，一切價值判斷，依然可以有他的普遍性。孔子在《論語》中所提的「己欲立而立人，己欲達而達人」、「己所不欲，勿施於人」、「有諸己，然後求諸人，無諸己，然後非諸人」。《大學》所講的絜矩之道：「所惡於上，毋以使下；所惡於下，毋以事上；所惡於前，毋以先後；所惡於後，毋以從前；所惡於右，毋以交於左；所惡於左，毋以交於右。」《中庸》所講的君子之道：「所求乎子，以事父……；所求乎臣，以事君……；所求乎弟，以事兄……；所求乎朋友，先施之。」都是恕道，都是可以放諸四海而皆準的道德規範。道德規律哪裏都是主觀任意的呢？

道德本於仁心，本於人我間的感通之性，推己及人的恕道，是道德可以放諸四海而皆準的根據。但孔子尚德，並未將道德與知識對立起來，故孔子對智、仁、勇、信、剛、直等德目，雖推崇備至，但在《論語》中，仍然說：「好仁不好學，其蔽也愚；好智不好學，其蔽也蕩；好信不好學，其蔽也賊；好直不好學，其蔽也絞；好勇不好學，其蔽也亂；好剛不好學，其蔽也狂。」一個人只有道德而沒有學問，很容易出毛病。因此孔子特別注重學，在《論語》中，他反復強調這一點：「吾十有五而志於學」「十室之邑，必有忠信如丘者焉，不如丘之好學也。」「吾嘗終日不食，終夜不寢，以思，無益，不如學也。」「若聖與仁，則吾豈敢？抑為之不厭，誨人不倦，則可謂云爾已矣。」孔子不但是偉大的先師，也是個偉大的學生，面對西方的科學知識，孔子一定會不恥下問，勇於學習。

開拓新的價值觀

科學的求真精神，賜予人類廣闊的視野。因此，科學的研究，雖然是價值中立的，但科學的精神和成就，卻是很有價值的。西方自工業革命以來，純理的科學發展為應用科學，科學不再只是求真，而是要將科學知識應用在種種技術的改革上。比如生產技術的改造，軍事技術的改進等。應該承認，純理科學求真，應用科學求用，都是好的，都能實現人生的價值。藉着科技的改進，確實也增加人類許多幸福。但自從西方文化將純理科學發展為應用科學以後，卻產生了資本主義和帝國主義，此時理性變為只為資本家和野心家服務的工具理性，一切科學技術只純為資本家和野心家服務。他們一個醉心於財富，一個醉心於權力。資本家掌握了科學技術以後，擴大生產、掠奪資源、爭奪市場。而財富愈累積，廠房愈大，工人愈多，需要的資源和市場愈大，於是如滾雪球般，愈滾愈大，一旦貨物滯銷或資源短缺，工人失業，便產生經濟危機、社會動盪。為了掠奪資源，爭取市場，資本家需要以武力為後盾，軍國主義、帝國國主義便接踵而來。然而資本家增加生產，不是為了合理的消費，而是為了利潤，他們不斷刺激消費、鼓勵消費，是為了累積更多財富，進而增加軍備，以便繼續主宰世界。結果，環境污染，生態破壞，一切將無以為繼。

當今主導西方文化的西方大國，在國際關係上，總是自我中心。美國的外交，不離講美國利益，英國也講英國利益。真如孟子所言，是個「上下交征利」的時代，因此不斷有國際糾紛。第一次世界大戰和第二次世界大戰後，世界上依然戰火彌漫，而人類所囤積的核彈，足以毀滅地球數次。可見，今天西方文化所走的路，是一條不能繼續發展的路，是一條絕路。西方文化，原有希伯來的宗教傳統，宣揚博愛。但非理性的宗教，到底和理性的科學不調協。而且，宗教所關心的是天國，今天我們所更應關心的是這個地球村，人們必須在嚮往天國的宗教和價值中立的科學以外，為我們這個世界尋找合理的價值理想。《周易》曰：「繼之者善。」善的東西，一定要能繼續下去。所以，我們今天對人類應走的怎樣的道路，應該猛醒。科學技術不能再為權力慾望服務，不能再為資本主義、帝國主義服務。我們要有更豐富的價值觀，更理性的價值觀，為我們這個世界創造出更美好的前途。

孔子是一個有理想的政治家，他原來並不要只講學授徒、著書立說，傳於後世，而是想行其道於當世。他周遊列國，目的就是要行他的道。因此，他不是只講理想，而是要付諸實行。現實政治，有許多問題是必須首先解決的，所以他說要富之教之，要足食足兵。然而孔子求富，只是為了教。不像今天的資本主義社會，以財富的累積、窮奢極侈為終極目的。孔子說：「不患寡而患不均，不患貧而患不安。」（《論語•季氏》）貧而無以為生，當然不好，但貧富懸殊，社會決不會和諧安定。要使一個由貧富懸殊所導致的不安社會安定下來，便要靠警察；要使一個由貧富懸殊所導致的不安世界安定下來，便要靠軍隊，總之就是要依靠暴力和武力。倘使我們的政治比較公平，誠心誠意為人民服務，而不重視權力的擴張，則我們在「道之以政，齊之以刑。」之外，還可以「道之以德，齊之以禮。」我們的政治，在依靠法律刑罰之外，可以更重視禮樂教化。今天學校教育主要是傳授知識，對於陶冶性情的人格教育日漸輕視。社會上亦少有用禮樂教化去陶冶人性情之舉。《禮記・禮運》篇說：「何謂人情？喜、怒、哀、懼、愛、惡、欲。……飲食男女，人之大欲存焉。死亡貧苦，人之大惡存焉。」因此，為政者當關懷民眾這些欲惡，把人情當成一塊要用心去耕耘種植的田，所謂「修禮以耕之，陳義以種之，講學以耨之，本仁以聚之，播樂以安之。」使人的情在禮樂教化中潛移默化，達致父慈子孝、兄良弟悌、夫義婦聽、長惠幼順、君仁臣忠的地步。今天我們習慣於生活在受刑法禁制的社會中，認為這些禮樂之治，是一些幻想，其實在今天世界上仍有一些社區，由於有道之以德、齊之以禮的傳統，我們依然可以看到那裏受文化陶冶的人民，耳目聰明、血氣和平，確能達致移風易俗，天下皆寧的境地。

總之，孔子的德教，不是要我們追求權力與財富，人生在疏食飲水之中，亦可以有快樂，主要是我們開拓了人生的價值。在國際政治上，我們應該協和萬邦，開創一個平等互利的大同世界。各國不能依於自己的利益發動戰爭，不能顛覆別人的政府，滅亡別人的國家，要興滅國，繼絕世，這些都是孔子的理想。今天，如果我們能將孔子的理想和西方科學結合起來，則人類將會走上一條能持續發展的康莊大道。